DR. EVA GESINE BAUR
DR. MED. WILHELM SCHMID-BODE

GLÜCK IST KEIN ZUFALL

Lassen Sie sich vom Glück berühren

INHALT

»Alle Menschen versuchen,
glücklich zu sein; darin gibt es
keine Ausnahmen, so verschie-
den die Mittel auch sind, die
sie anwenden.«

(Blaise Pascal)

»Glück entsteht oft durch
Aufmerksamkeit in kleinen
Dingen.«

(Wilhelm Busch)

»Glück ist ein Wunder-
ding. Je mehr man gibt,
desto mehr hat man.«

(Madame de Staël)

4

EIN WORT ZUVOR

Die Glücksforschung boomt. Glücksseminare werden begeistert gebucht. Und ständig erscheinen neue Glücksbücher. Trotzdem sind auf der Straße nicht mehr glückliche Gesichter zu sehen.

Es stellt sich also die Frage: Was steht unserem Glück im Weg? Auch wenn es unbequem klingt: Zuerst einmal wir selbst – und unsere Vorstellung, das Glück müsse uns einfach zufallen. Doch obwohl uns zahlreiche Fachleute, Psychologen und Glücksforscher bereits klargemacht haben, dass wir für unser Glück etwas tun müssen, scheinen wir nicht wirklich etwas dazugelernt zu haben.

Das Streben nach Glück (pursuit of happiness) ist in der Verfassung der USA als Grundrecht jedes Menschen gesetzlich verbrieft. Aber viele streben nach einem Klischee von Glück, das aus mehr oder weniger großen Sensationen besteht – der Traumheirat, einer Bilderbuchkarriere oder dem Lottogewinn. Nur: Das alles garantiert noch kein glückliches Leben. Dafür kennt jeder Beispiele genug. Denn die Vorstellung vom großen und lang andauernden Glück ist eine Illusion, die uns oft den Sinn für das kleine Glück versperrt.

»Glück«, hat Daniel Spitzer gesagt, »ist ein Mosaikbild, das aus lauter unscheinbaren kleinen Freuden zusammengesetzt ist.«

Hier setzt dieses Buch an. Es will den Blick und die Sinne schärfen, um Glück erkennen, das diskrete Glück im Alltag empfinden zu können. Es geht um die Fähigkeit, Glück überhaupt wahrzunehmen – also um Glücksfähigkeit; darum, die seelischen Poren zu öffnen für Glück, wo, wie und wann auch immer es möglich ist.

»Berührung« ist das zentrale Thema dieses Buches, denn wer es nicht spürt, wenn das Glück ganz nah ist, der erlebt es auch nicht.

Wir müssen dem Glück eine Chance geben, an uns heranzukommen, uns sensibilisieren für die vielen Erscheinungsformen, in denen es auftreten kann. Und diese Kunst, sich vom Glück berühren zu lassen, lässt sich lernen.

Dr. Eva Gesine Baur

Journalistin, Buchautorin

und Kolumnistin

Dr. med. Wilhelm Schmid-Bode

Arzt für psychotherapeutische Medizin und Experte für Stressforschung, Psychoneuroimmunologie und Entspannungstechniken

»Glück misst man nicht
nach Länge oder Breite,
sondern nach Tiefe.«

(Agatha Christie)

DIE KUNST, SICH VOM GLÜCK
BERÜHREN ZU LASSEN

GLÜCK HABEN WILL JEDER – IM LOTTO GEWINNEN, DEM TRAUM-
PARTNER BEGEGNEN. DOCH WAS, WENN DIE ÄUSSEREN
UMSTÄNDE UNS SCHEINBAR NICHT SO GEWOGEN SIND? MÜSSEN
WIR DANN UNGLÜCKLICH SEIN? NATÜRLICH NICHT. DAS ENT-
SCHEIDENDE STICHWORT AUF DEM WEG ZUM GLÜCK LAUTET
»GLÜCKSFÄHIGKEIT«. UND DIE KANN JEDER ERWERBEN. ER
MUSS NUR ETWAS DAFÜR TUN.

EIN NEUER WEG ZU EINEM URALTEN ZIEL

Eigentlich sind wir Menschen einfach strukturiert. Jeder auf der Welt
will das Gleiche: Glück. Auch wenn unter Glück je nach Zeit und
Kultur Unterschiedliches verstanden wird. »Denn die Begriffe von
Glück«, erkannte schon Heinrich von Kleist, »sind so verschieden,
wie die Genüsse und die Sinne, mit welchen sie genossen werden.«
Zum Begriff von Glück gehört für die meisten Menschen zum Beispiel etwas dazu, was diejenigen, die sich selbst als glücklich bezeichnen, gar nicht erwähnen: Geld und Besitz. Ihnen scheinen andere
Werte wichtiger zu sein fürs Lebensglück: eine Familie oder eine
funktionierende Partnerschaft, Gesundheit oder beruflicher Erfolg.
Obwohl die Vorstellungen von Glück so unterschiedlich sind, haben
wir nur dieses eine Wort dafür – und entsprechend viele Möglichkeiten, uns missverständlich auszudrücken oder sogar falsch. Wir
reden davon »Glück zu haben« und meinen damit den Zufallstref-
fer, das Glückslos in der Lotterie, das unerwartete Geschenk des
Schicksals. Dabei belegen einschlägige Studien, dass selbst die
Hauptgewinner im Lotto sich bereits ein Jahr nach dem »Glücks-
treffer« genauso fühlen wie davor.
Wir reden vom Glücksspiel, dessen Glück in nichts als finanziellem
Gewinn besteht. Keiner würde offen zugeben, dass für ihn Geld
Glück bedeutet, insgeheim aber halten wir es für die Grundvoraus-
setzung dafür. Obwohl Glücksforscher bei weltweiten Untersuchungen herausfanden: Nicht in den reichen, sondern in den armen und
ärmsten Ländern der Welt finden sich die meisten Menschen, die sich

*»Man berührt den
Himmel, wenn man einen
Menschenleib betastet.«
(Novalis)*

selbst glücklich nennen. Vielleicht weil sie besser wissen, was Glück bedeutet. Weil sie im Gegensatz zu uns, deren Blick vom Besitzdenken umnebelt ist, klar sehen, worin der Unterschied zwischen *happiness* und *pleasure,* zwischen Glück und Vergnügen besteht. Vergnügungssucht ist fehlgeleitetes Streben nach Glück.

Viele meinen heutzutage, Glück, Spaß und Vergnügen seien gleichbedeutend. Und glücklich zu sein heiße, »ein Maximum an Genuss« zu erreichen. Diese Definition von Glück scheint eher der so genannten Freizeitindustrie entlehnt zu sein. Das Glück, das sie uns verspricht – vom Ferienglück bis zum Glücksgefühl beim Bungee-Springen, vom Glückserlebnis Geschwindigkeit beim Snowboard-Fahren bis zum Glück einer Feinschmeckerreise –, ist in Wirklichkeit nicht mehr als Spaß, Vergnügen, neudeutsch: Fun. Bereits die Bezeichnung »Freizeitindustrie« verrät, dass es sich dabei nicht um Glück handeln kann, sondern um Artikel handeln muss, die sich produzieren lassen.

GLÜCK HABEN ODER GLÜCKLICH SEIN?

Je extremer unsere Bemühungen in den letzten Jahren geworden sind, Glücksgefühle herzustellen oder käuflich zu erwerben, desto bedrängender ist auch die Einsicht geworden: Das kann's nicht gewesen sein! Denn ein Glücksgefühl, wie wir es uns tief in unserem Innern ersehnen, muss Spuren hinterlassen in der Seele.

Nicht »Glück haben« oder »Fun haben« ist das, wonach wir suchen, sondern »glücklich sein«. »Ich bin glücklich« kann ein Mensch erst dann sagen, wenn er sein Glück abgekoppelt hat von den Überraschungsgeschenken des Zufalls und von den Angeboten der Glücksindustrie, die vor allem dadurch gekennzeichnet sind, dass sie einen kurzen Rauschzustand erzeugen, der nur die Gier nach mehr weckt – statt ein echtes Gefühl der Befriedigung, des Glücks zu hinterlassen. Glücklich ist, wer erkennt, dass das Glück nur in ihm selbst liegt – nicht in den äußeren Umständen und nicht in den Dingen, die man für Geld kaufen kann.

Wenn ich mich selbst als die Quelle meines Glücks erkenne, heißt das aber auch: Solange ich unglücklich bin, schaffe ich es offenbar nicht, aus dieser Quelle zu schöpfen. Daher zeigt dieses Buch einen neuen Weg auf, wie Sie an diesen eigenen inneren Glücksvorrat herankommen. Dazu müssen Sie lediglich eine bestimmte Fähigkeit

Glück haben heißt noch nicht glücklich sein. Glücklich ist nur, wer das Gefühl hat, selbst die Quelle seines Glücks zu sein.

trainieren: Ihre Glücksfähigkeit. Und die können Sie erhöhen, indem Sie zuerst einmal Ihre Erlebnis- bzw. Wahrnehmungsfähigkeit steigern. Denn es geht um die Bereitschaft und das Vermögen, Glück wahrzunehmen – auch dort, wo Sie es vorher nicht bemerkt haben. Der Begriff Glücksfähigkeit ist neu – und vielen vielleicht gar nicht so willkommen, denn so manche lieb gewonnene Ausrede wird dadurch disqualifiziert: »Der ist eben ein Glückspilz«, sagen wir beispielsweise oft, wenn wir uns den Erfolg, die Heiterkeit oder Zufriedenheit eines anderen erklären wollen, die uns selbst abgeht.

Wenn aber so etwas wie Glücksfähigkeit existiert, bedeutet das, dass wir für unser Glücklichsein selbst verantwortlich sind. Denn Fähigkeiten lassen sich trainieren.

DIE RICHTIGEN ERWARTUNGEN

Glücksfähige und nicht glücksfähige Menschen unterscheiden sich unter anderem dadurch, wie sie mit Erwartungen umgehen. Nicht glücksfähige erwarten sehr viel von anderen, von den Umständen, vom Schicksal. Sie erwarten, verstanden und versorgt oder umsorgt zu werden, und sie gehen davon aus, dass sie aufgrund einer Wahrscheinlichkeitsrechnung irgendwann einmal das große Glück haben müssen – einfach weil jeder doch früher oder später einmal »dran« sein muss, aus Gründen der kosmischen Gerechtigkeit. Manche Leute sprechen sogar von einem »Geburtsrecht« auf Glück.

Glücksfähige wollen hingegen, dass an sie Erwartungen gestellt werden – und zwar solche, die nicht zu hoch sind, sondern erfüllbar. Sie wissen das schöne Gefühl zu schätzen, dass sie erwartet werden: am Arbeitsplatz, bei Freunden, von der Familie. Das Gefühl, gebraucht zu werden, für andere wichtig zu sein, macht uns glücklich und stärkt unser Selbstwertgefühl. Dass viele Menschen dieses Glück nicht erleben, weil sie Scheu oder sogar Angst haben, Verantwortung zu übernehmen, hat einen simplen Grund: Verantwortung tragen für etwas oder jemanden bedeutet, echte Berührung zuzulassen, sich vom Schicksal eines anderen berühren zu lassen, vom Erfolg und Misserfolg, von seinen Freuden und Leiden. Und das ist in unserer heutigen Gesellschaft gar nicht mehr so selbstverständlich.

Denn wir haben in jeder Hinsicht Berührungsängste. Wir wollen vermeiden, dass uns jemand zu nahe kommt – und verhindern damit oft, dass uns das Glück berührt.

»Man darf nicht mehr Glück verbrauchen, als man erzeugt.«

(Glenn Close)

WIE FÜHLT SICH GLÜCK AN?

Das Wort »berühren« bezieht sich in unserer und in anderen Sprachen nicht zufällig auf zwei Dinge: Es meint den körperlichen und auch den seelischen Kontakt. Beide sind unverzichtbar für Glücksgefühle. Und beide hängen ganz eng miteinander zusammen.

Um zu erleben, wie viel Glück in der Berührung liegt, müssen wir uns jedoch von einem fundamentalen Prinzip unserer Zeit verabschieden: von der Vorherrschaft des Visuellen. Zu Recht wird unser Zeitalter das visuelle genannt. Wir lassen uns von optischen Reizen verführen, irritieren, auch betrügen und sogar abhängig machen, wie Fernseh- und Internetsucht beweisen. Wir fragen uns also folgerichtig immer nur: »Wie sieht Glück aus?« Und nicht: »Wie fühlt sich Glück an?«

Befragt, was ihnen einfällt beim Stichwort Glück, sieht der erste sich am weißen Sandstrand, am blauen Meer in der Sonne liegen, die zweite auf einer Sommerwiese, der dritte sieht sich vorm geistigen Auge im Traumauto auf der Autobahn, die vierte im schmucken Eigenheim neben dem Traumpartner. Aber kaum jemand wird antworten: »Ich spüre den Sand unter meinen Händen« oder »Ich fühle das Gras unter meinem Körper und die Grashalme, die mich kitzeln.« Gleichzeitig beklagen wir uns, wenn wir uns unglücklich fühlen, und wünschen uns Glücksgefühle. Wir leiden ständig unter dem Primat des Visuellen, denn es beschert uns viele negative Phänomene: den Jugendwahn und den Schönheitskult, den Stress mit Statussymbolen und den Ärger, auf schöne Bilder im Reiseprospekt hereingefallen zu sein. Sogar am Übergewicht ist dieses Primat schuld, denn wir essen, was gut aussieht – oder jedenfalls, was in der Werbung oder auf der Verpackung so farbenreich daherkommt: die hübsch verpackte Tiefkühlpizza, das intensiv gefärbte Junk- und Fast-Food. Und oft ist auch die Vorherrschaft des Optischen schuld an der Wahl des falschen Lebenspartners.

ZUM GLÜCK GEHÖREN ALLE SINNE

Doch zum Glücksgefühl gehören alle Sinne. Und je empfänglicher sie sind, desto größer die Chance, Glück zu erleben. Die Hornhaut auf Seele und Sinnen schränkt dagegen unsere Empfindungsfähigkeit ein. Sie hindert nämlich nicht nur das Unglück, sondern vor allem das Glück daran, uns über unsere Sinne in der Seele zu berühren. Denn sie sorgt dafür, dass uns alles gleichgültig ist, also gleich viel – und

Der Zusammenhang von Glück, Schönheit und Geld wird überschätzt.

Wer die Natur berührt,

weiß, wie sich Glück anfühlt.

damit gleich wenig gilt. Zu berühren und berührt zu werden – auf allen Ebenen – ist die Voraussetzung für jede Art von Lebensglück. »Das hat mich tief berührt«, sagen wir, wenn uns ein Erlebnis oder eine Nachricht ergriffen hat.

Auch das Fühlen hat diesen doppelten Bezug; es meint den physischen und den psychischen Kontakt. »Man sollte«, schrieb Marie von Ebner-Eschenbach dazu, »nicht sprechen von der Kunst, glücklich zu sein, sondern von der Kunst, sich glücklich zu fühlen.« Feeling meint im Englischen nicht nur Fühlen im Sinne von »anfassen« und »empfinden«, es meint auch das intuitive Gespür. So gehört also auch das Spüren zu jenen Begriffen, die Empfindsamkeit auf der haptischen wie seelischen Ebene beschreiben.

Dieses Buch wirbt daher dafür, das Zeitalter der Berührung, des Fühlens und Spürens zu eröffnen. Es führt vor, wie wir in verschiedenen Lebensbereichen das richtige Feeling entwickeln können – für Situationen, Menschen und für uns selbst. Denn Glück meint so etwas wie Hautkontakt mit dem Augenblick aufzunehmen.

WAS SIE IN DIESEM BUCH ERWARTET

In diesem Buch wollen wir den Spielregeln des Glücks auf die Spur kommen. Was macht Menschen glücklich? Was macht sie unglücklich? Und vor allem: Was kann jeder Einzelne dafür tun, in seinem Leben glücklicher zu werden? Wie wir gesehen haben, ist die Fähigkeit zu berühren und sich berühren zu lassen grundlegend für unser persönliches Glück. Daher wird sich das Thema Berührung wie ein roter Faden durch die Kapitel ziehen.

Im ersten Kapitel wird erläutert, warum und wie körperliche Berührung gesund und glücklich macht. Dabei werden wir genauer auf den Zusammenhang zwischen Berührung und körperlicher wie geistiger Gesundheit eingehen: Wer von nichts berührt oder betroffen wird, ist seelisch nicht gesund. Aber auch wer ungefiltert alles Negative an sich heran und in sich hineinlässt, wird krank. Um diese Zusammenhänge zu erhellen, werden neuere wissenschaftliche Ergebnisse aus der Psychoneuroimmunologie sowie der Stress- und Placeboforschung vorgestellt. Es wird gezeigt, wie wir sie nutzen können, um mit Stress, schlimmen Nachrichten, menschlichen oder finanziellen Verlusten so umzugehen, dass es unser Lebensglück nicht beeinträchtigt. Das Kapitel enthält eine praktische Anleitung zur täg-

Glück beginnt mit der Fähigkeit, den Augenblick zu berühren.

lichen Psychohygiene, die grundlegend für unsere Glücksfähigkeit ist. Im zweiten Kapitel geht es um Berührungspunkte mit den Mitmenschen. Langzeitstudien belegen, wie wichtig Sozialkontakte für unser Lebensglück sind, für Gesundheit, Zufriedenheit und Selbstsicherheit. Daher werden hier Anregungen und Tipps für den menschlichen Umgang gegeben; es wird gezeigt, wie wir persönliche Kontakte aufbauen, verbessern und pflegen können.

Im dritten Kapitel geht es um unsere Liebesbeziehung mit einem Partner. Hier wird besonders deutlich, wie eng das körperliche und seelische Berühren miteinander verbunden sind. Es geht dabei ebenso darum, wie man als Single Begegnungen fördern kann, die früher oder später zu einer intimen Bindung führen werden. Außerdem geht es um das richtige Feeling im Umgang mit Nähe und um konstruktive Kommunikation in der Partnerschaft.

Im vierten Kapitel schließlich geht es um die intimste Berührung – die Berührung mit sich selbst. Es wird gezeigt, wie man ein gutes Selbstwertgefühl entwickeln und dem Schönheits- und Jugendwahn entkommen kann. Außerdem erfahren Sie, wie Sie Ihren Beruf zur Berufung machen und der allgegenwärtigen Zeitnotfalle entrinnen können.

Das schönste Training der Welt: die Glücksfähigkeit trainieren.

GLÜCK
BEGINNT
IM
KÖRPER

Entdecken Sie das sinnlichste Instrument zum *Glücklichsein*: den menschlichen Körper. Das Zusammenspiel von Psyche und Immunsystem, von Muskeln und Gehirn macht's möglich: Durch Psychohygiene und die richtige Bewegung bereiten Sie den Weg fürs Glück.

HAUTKONTAKT –
EIN LEBENSELIXIER

MASSAGEN HABEN HOCHKONJUNKTUR. KEIN WUNDER. DENN OHNE HAUTKONTAKT KÖNNEN WIR NICHT GLÜCKLICH SEIN. DAS BEGINNT SCHON BEIM NEUGEBORENEN – UND HÖRT EIN LEBEN LANG NICHT AUF. DENN SEELE UND HAUT STEHEN IN ENGSTER VERBINDUNG.

WAS DER KÖRPER MIT DEM GLÜCK ZU TUN HAT

Glück ist eine Sache, die im Kopf stattfindet oder in der Seele – das ist die übliche Vorstellung. Aber neueste Forschungen beweisen, wie wichtig auch unbewusste Körperreaktionen für unser Glücksempfinden sind. Denn wir fühlen uns nicht nur körperlich gut, wenn wir glücklich sind, sondern umgekehrt kann dieses gute Körpergefühl eine Glücksstimmung erzeugen. Und darum wird es in diesem Kapitel gehen. Wir beginnen mit unseren Betrachtungen an der Oberfläche – bei der Haut, denn Hautkontakt ist ein Lebenselixier. Dann beschäftigen wir uns mit der Tatsache, dass nicht nur ein gesundheitlich stabiler Mensch bessere Chancen hat, sich glücklich zu fühlen, sondern umgekehrt ein glücklicher Mensch bessere Chancen hat, gesund zu bleiben – weil seine Immunlage stabil ist. Ebenso müssen wir umdenken, was Sport, Bewegung, unsere Körperhaltung und sogar die Gestik und Mimik angeht. Denn auch dabei gilt nicht so sehr die übliche Schlussfolgerung, wer glücklich sei, sich eben dementsprechend bewege. In diesem Kapitel wird erklärt, wie wir ein Glücksgefühl herstellen können, indem wir uns bewegen – und zwar in einer Weise, die ganz einfach und nebenbei unser Glücksempfinden fördert.

Besonders effizient ist es, körperliche und mentale Techniken miteinander zu verbinden – beim intensiven Aufmerksamkeitstraining, das auf Seite 43 erläutert wird. Und schließlich eine aufregende Erkenntnis: Sogar die Erwartung von Glück verbessert bereits die Glücksfähigkeit. All das wird auf den folgenden Seiten nicht nur wissenschaftlich belegt, sondern praktisch nachvollziehbar.

»Vor allem der Seele wegen ist es nötig, den Körper zu üben.«

(Jean-Jacques Rousseau)

WARUM WIR NACH BERÜHRUNG HUNGERN

Wir alle wünschen uns körperliche Nähe. Wie die meisten Westeuropäer und die US-Amerikaner sind wir Deutschen, was die ganz selbstverständlichen Berührungen angeht, rückständig im Vergleich mit mediterranen und orientalischen Völkern – erst recht mit Völkern in Kulturen, die wir hochnäsig als »primitiv« bezeichnen. Rückständig und ungehobelt sind wir, wenn es um die Kultur des Taktilen geht. Und das ist uns nicht angeboren, es ist uns anerzogen. Die kühle Gesellschaft, in der wir leben und an der wir leiden, haben wir selbst geschaffen und geben sie von Generation zu Generation weiter. Denn bereits unsere Erziehung ist hier zu Lande eine Erziehung zur Berührungslosigkeit.

»Nicht berühren« steht vor jedem Blumenstrauß im Laden, vor jeder exotischen Frucht auf dem Markt, vor jeder Skulptur im Museum. »Schau nicht mit den Fingern!«, pfeifen Eltern ihre Kinder zurück, wenn die sich handgreiflich mit ihrer Umgebung befassen wollen. Und sogar dort, wo jedem denkenden Menschen klar ist, dass etwas nur durchs Anfassen erfasst, nur durchs Begreifen begriffen werden kann, ist es verboten. Warum geht im Museum eine Alarmanlage los, wenn ein Kind eine Bronze von Brancusi streicheln, wenn ein Mann den Marmorhintern der Venus von Milo tätscheln oder eine Frau einmal das Gemächt des Barberinischen Fauns ertasten möchte?

Aufschlussreich ist, dass wir dennoch an allen Ecken und Enden unsere wachsende Sehnsucht nach sanfter Berührung zu erkennen geben. Es gibt einen Industriezweig, der sich mit kollektiven Sehnsüchten gründlich beschäftigen muss, denn er verspricht, sie zu stillen: Die Rede ist von der Werbung. Das Vokabular, das die Werbung in den letzten Jahrzehnten geboren hat, ist verräterisch: ein wild wuchernder Wortschatz an Streichelvokabeln. Da ist die Rede von »hautsympathischen Textilien«, von Cremes, die die Haut oder Weichspülern, die die Wäsche »schmusezart« machen, sogar von Spülmitteln, die »freundlich zu unserer Haut« sind.

»Man kann nur in Berührung sein, wenn man fühlt.«

(Anaïs Nin)

»HAUTHUNGER« – TIEFER ALS SEXUELLE BEGIERDE

Doch mit der sensuellen Schulung, mit der Bildung und Ausbildung unserer Empfindsamkeit gehen wir mehr als schlampig um. Entsprechend jämmerlich steht es um unsere alltägliche Berührungskultur im internationalen Vergleich, auch wenn die US-Amerikaner noch

weniger zu bieten haben. Beruhigend ist nur, dass wir uns dieses Defizits allmählich bewusst werden. Denn wir können nicht umhin, zu bemerken: Der in seiner Bedeutung so hochgespielte Sex bringt nicht jenes Glück der Berührung, nach dem wir richtiggehend ausgehungert sind. Wir suchen vielmehr nach etwas anderem: Der größte Hunger ist in Wahrheit der auf körperliche Berührung. Die amerikanische Verhaltensforscherin Phyllis K. Davies redet hier von »Hauthunger«, der viel tiefer gehe als sexuelle Begierde.

Und dieser Hunger nach körperlicher Nähe hat sich Langzeitstudien zufolge in den letzten Jahren noch deutlich verstärkt. Denn die steigende Verunsicherung, die wachsenden Ängste vor Umweltkatastrophen, vor allem aber vor der Anonymisierung und Elektronisierung des Alltags verstärkt die Sehnsucht nach Sicherheit, Geborgenheit und Vertrauen. Menschliche Berührung schenkt all das ganz selbstverständlich.

Berührung ist lebensnotwendig. Wer nicht berührt wird, stirbt.

WARUM HAUTKONTAKT LEBENSWICHTIG IST

Neu ist sie nicht, die Erkenntnis, dass wir Berührung brauchen – nicht etwa nur, um glücklich zu sein, sondern um zu leben, ja zu überleben. »Berührungen«, hat der Psychologe Saul Schanberg gesagt, »sind wichtiger als Vitamine«. Dass Tastempfindungen die ersten Sinneswahrnehmungen eines Säugetiers im Mutterleib sind, hat schon Charles Darwin erkannt. Doch erst durch Forschungsergebnisse der

BITTE ANFASSEN!

In einem Interview erklärte die amerikanische Massageexpertin Tiffany Field: »Es gibt hier eine Menge Tabus. Die Menschen trauen sich nicht, einander anzufassen, weil sie befürchten, wegen sexueller Belästigung angeklagt zu werden. Die Sexual-Correctness-Bewegung verhindert den ausgiebigen sozialen Körperkontakt.«

Das allein kann allerdings nicht der Grund für die unterentwickelte Berührungskultur der Amerikaner sein, existiert sie doch schon deutlich länger als der Correctness-Trend. Schon in den Sechzigerjahren ergab eine Studie, dass sich amerikanische Paare in Cafés nur zweimal pro Stunde anfassten; in Paris lag der Wert bei 110, in der Karibik (San Juan/Puerto Rico) bei 180.

»Jedwede Kreatur hat einen

Urtrieb nach liebender

Umarmung.«

(Hildegard von Bingen)

letzten Jahrzehnte wurde nachgewiesen: Der frühe Hautkontakt ist unverzichtbar für eine gesunde Entwicklung der Säugetiere.

»Unbeleckt« nennen wir mitleidig, oft herablassend jemanden, der von einem Thema oder Metier keine Ahnung hat – ohne selbst zu ahnen, wie viel Weisheit in diesem Ausdruck steckt. Denn was die wunderbare Wirkung des Leckens angeht, dieses Streichelns mit der Zunge, sind wir Menschen weitgehend unbeleckt.

Wenn Tiermütter ihre Neugeborenen im Analbereich lecken, so geschieht das nicht primär aus Gründen der Hygiene: Sie sorgen damit für die lebenswichtige Aktivierung der Verdauungs- und Ausscheidungsorgane. Wie 1997 das amerikanische Wissenschaftsmagazin *Science* berichtete, zeigen Ratten, die von ihren Müttern besonders ausgiebig geleckt worden sind, bis ins Erwachsenenalter hinein eine besonders hohe nervliche Belastbarkeit; setzte man sie unter Stress, behielten sie die Nerven und hatten geradezu die Ruhe weg.

Das englische Wort für das Streicheln – *caressing* – enthält den Begriff *care,* also Sorgfalt, Pflege, Achtsamkeit; das italienische *carezzare* leitet sich ab von der Vokabel *caro,* was lieb und teuer bedeutet; analog dazu das französische *caresser.*

BERÜHRUNG BERUHIGT

Was mir besonders lieb und teuer ist, trage ich gern ganz nah bei mir. Diese Regel beherzigen die Menschen der Industrienationen, wenn es um die wertvolle Uhr oder den Brillantring geht oder auch um die Kreditkarten. Doch wenn es um Kinder geht, löst dieses Verhalten oft noch Befremden aus. Als Ende der 70er Jahre auch hier zu Lande junge Mütter und Väter anfingen, ihr Kleinstkind im Tuch am Leib zu tragen, ernteten sie mehr spöttisches Lächeln als Bewunderung. Schien es doch den meisten eine verspätete Hippie-Marotte zu sein, das Baby, wie die meisten Naturvölker es tun, mit sich herumzuschleppen, anstatt es bequem in einem Kinderwagen abzulegen und vor sich her zu schieben – wie andere Probleme auch. Dass aber gerade diese dauernde Berührung, dieses gegenseitige Streicheln von Eltern- und Kinderkörper beruhigt (und zwar beide), ist keine Einbildung, es ist eine messbare Tatsache. Die Atmung hautnah transportierter Säuglinge ist ruhiger, ihr Puls langsamer und sie schlafen problemlos ein.

Die wunderbare Wirkung des Hautkontakts wird aber nicht erst in neuerer Zeit diskutiert. Schon die großen Ärzte der Antike, ob Hip-

Berührung ist das beste Beruhigungsmittel – und absolut frei von Nebenwirkungen.

pokrates oder Galen, haben auf die heilende und beglückende Macht der Berührung hingewiesen. Auch wenn die Kultur der Massage und der heilenden energetischen Berührungen in China, Indien und Persien ausgeprägter war und ist als im europäischen Raum, hat die Einsicht in die wohl tuende Wirkung des Hautkontakts schon die Römer dazu gebracht, sich beim Baden gründlich einölen zu lassen. Und im Mittelalter wurde in Deutschland die notwendige Zuwendung nicht nur von rüden Badeknechten geleistet, sondern auch von so genannten Streichfrauen.

Dass Hygiene betrieben wird, hat von früh an sicher auch damit zu tun gehabt, dass sie einen sauberen Vorwand zur Selbstberührung bietet, die allerdings die Berührung durch andere nicht ersetzen kann. Hier liegt eines der wesentlichen Defizite unserer westlichen Kultur, und unsere Berührungskultur droht noch weiter zu verkümmern.

PROFESSIONELLE MASSAGEN HABEN HOCHKONJUNKTUR

Schon 1971 verkündete der Anthropologe Desmond Morris die hellsichtig-spöttische Prognose: »Es wird gewiss nur eine Frage der Zeit sein, wann Baby-Beruhigungsmaschinen auf den Markt kommen.« Noch ist dieses Gerät nicht im Angebot, aber in einem Punkt hat Morris schon Recht bekommen: Anstatt ganz selbstverständlich unser Verlangen nach Berührung zuzugeben und zu befriedigen, indem wir einander streicheln, delegieren wir es: Massagen haben in den 90er Jahren in der westlichen Welt einen sensationellen Boom erlebt. Neue Massagetechniken, woher auch immer, wurden freudig angenommen, ob es sich um Reflexzonenmassage oder Shiatsu, Biodynamische oder Antistressmassage handelt.

1996 haben sich die Patienten in Deutschland 65 Millionen Mal massieren lassen, recherchierte die Zeitschrift *Focus* (Ausgabe 4/97), weil ihnen das die Entspannung beschert, die sie brauchen, im eigenen sozialen Umfeld aber nicht bekommen. Massieren und massiert zu werden gehört wie das Gestreicheltwerden zu den wenigen absolut stress- und angstfreien Erregungen. Streicheln kennt keinen Leistungsdruck. Es reduziert ihn sogar.

Seit einigen Jahren hat sich in Manhattan, New York, eine neue Art von Massagepraxen etabliert. In winzigen Salons wird dort ganz unkompliziert eine Kurzerholung ermöglicht. Die Kunden brauchen

Das Glück der Berührung ist käuflich: mit jeder Art von Massage.

sich nicht aus- oder umzuziehen: Für einen Dollar pro Minute können sie sich im Sitzen den Nacken durchmassieren lassen. Und gerade gestresste Karrierefrauen und -männer fühlen sich nach eigenen Aussagen danach nicht nur entspannter, sondern auch »glücklicher«.

Und es gibt wissenschaftliche Versuche, die dafür sprechen, dass den gestressten Businessleuten der kleine Luxus der Kurzmassage nicht nur subjektiv etwas bringt, sondern auch objektiv. Das Magazin *Science* berichtete von einem Experiment mit einem Kaninchenstamm, der zur Arterienverkalkung neigt. Diejenigen Tiere, die täglich systematisch gestreichelt wurden, zeigten bei gleicher Nahrung, gleich hohem Blutdruck und Cholesterinspiegel um 60 Prozent weniger Arterienverkalkung.

Gestreichelt werden macht nicht nur gesünder und belastbarer, es macht auch intelligenter. Letzteres belegt eine britische Studie mit frühgeborenen Kindern, die jeden Tag zwanzig Minuten lang gestreichelt wurden und als Siebenjährige im Intelligenztest deutlich besser abschnitten als ihre Altersgenossen.

WESHALB SEELE UND HAUT EIN TEAM BILDEN

Doch woran liegt es, dass Berührungen solche vielfältigen positiven Wirkungen auslösen? Die Haut ist mit 1,7 Quadratmetern Ausdehnung nicht nur unser größtes Organ, sie ist auch das empfindsamste: Sie verfügt durchschnittlich pro Quadratzentimeter über fünf Millionen Nervenenden sowie 3000 Hautsinneszellen. Jedem ist heute bekannt, dass die Seele durch allergische oder entzündliche Hautreaktionen um Hilfe ruft, wenn ihr etwas »zu sehr unter die Haut geht«. Doch die Haut teilt nicht nur den inneren Zustand von Unglück mit, sie ist, wie wir gesehen haben, umgekehrt auch für Glücksgefühle zuständig.

Aus Erfahrung wissen wir alle, dass durch das Streicheln die Liebesbereitschaft steigt. Das kommt daher, dass die Druckrezeptoren in der Unterhaut die Freisetzung von Endorphinen auslösen, körpereigenen Stimmungsaufhellern also, und von Hormonen wie Oxytocin, das auch »Liebeshormon« genannt wird. Gleichzeitig sinken die Schmerzempfindlichkeit, der Blutdruck und der Spiegel der Stresshormone. Diese »kutane Stimulation«, wie Ashley Montagu die Vielzahl der wohl tuenden Körperberührungen in seinem Klassiker über *Körperkontakt* nennt, brauchen wir am ganzen Körper.

Auch die Haut hat Hunger,

der gestillt werden will:

Hunger nach Berührung.

»Mit einer Kindheit voll
Liebe kann man ein halbes
Leben hindurch für die kalte
Welt haushalten.«

(Jean Paul)

BERÜHRUNGEN GENIESSEN

Jeden Tag erleben wir Situationen, in denen wir Hautkontakt mit unseren Mitmenschen, unseren Freunden, unserem Partner haben. Diese zu genießen, ist eine Kunst, die zu unserem täglichen Glück beitragen kann. Dazu ein paar Anregungen:

- Kosten Sie das Gefühl, wenn Ihnen beim Friseur die Haare gewaschen und die Kopfhaut massiert wird, richtig aus. Schließen Sie die Augen und scheuen Sie sich nicht, sich richtiggehend in das dabei aufkommende Wohlgefühl »hineinsinken« zu lassen.
- Genießen Sie es, wenn bei der Pediküre die warmen, frisch gewaschenen Füße eingecremt und massiert werden. Dasselbe gilt natürlich für die Maniküre oder eine Gesichtsbehandlung bei der Kosmetikerin.
- Sich selbst, Ihren Partner oder auch einen Freund/eine Freundin beim Sonnenbaden mit Sonnenmilch einzucremen, sollte für Sie nicht länger nur eine notwendige Routine sein: Machen Sie daraus eine zärtliche Zeremonie und genießen Sie es ganz bewusst.
- Nutzen Sie das vielfältige Angebot an Massagen von klassischer Behandlung bis hin zu Shiatsu oder Hawaii-Massage.
- Wenn Sie mit Ihrem Partner Essen, ins Kino, auf eine Party oder ins Theater gehen, berühren Sie einander oft. Das demonstriert nicht nur nach außen, es verstärkt auch das innere Gefühl der Zusammengehörigkeit und senkt nachweislich die Bereitschaft zur Eifersucht.
- Gewöhnen Sie sich an, Ihre Mitmenschen, Freunde und natürlich auch Ihren Partner in ganz alltäglichen Situationen oft unschuldig zu berühren – am Arm, an der Hand, an der Wange. Dass selbst solche zufällig wirkenden kleinen Hautkontakte für positive Stimmung sorgen, hat ein Experiment in amerikanischen Restaurants bewiesen: Kellnerinnen und Kellner kassierten mehr Trinkgeld, wenn sie kurz zuvor den Gast an der Hand oder am Arm berührt hatten.
- Setzen Sie sich beim abendlichen Fernsehen mit Ihrem Partner nicht in zwei breite Sessel, die Abstand schaffen; setzen Sie sich nebeneinander aufs Sofa und kuscheln Sie dabei!
- Streicheln Sie einander gerade an Stellen, wo Sie selten gestreichelt werden, zum Beispiel in den Kniekehlen oder zwischen den Zehen. Denn dort empfinden wir es besonders intensiv: erregend, besänftigend oder einfach beglückend.

Gelegenheiten zur Berührung gibt es ständig. Sie zu nutzen ist lernbar.

UMDENKEN IST ANGESAGT

Was die Wichtigkeit der körperlichen Berührungen angeht, müssen wir umdenken – besonders die Männer. Die haben auch länger gebraucht als Frauen, um sich für alternative Heilmethoden zu erwärmen und haben eine deutlich höhere Hemmschwelle, sich in psychotherapeutische oder psychoanalytische Behandlung zu begeben. Dahinter steckt ihr anerzogenes, als männlich-sachlich geltendes Bedürfnis, Beweisbarkeit zu fordern. Während Frauen glücklich sind, wenn eine Heilmethode wirkt, fragen Männer zuerst nach ihrer wissenschaftlichen Rechtfertigung, ehe sie ihr trauen.

Doch so wie sich männliche Patienten in den letzten Jahren mehr und mehr für alternative Behandlungsmethoden sowie therapeutische Hilfe geöffnet haben, ist auch ihre Bereitschaft gewachsen, in der Berührung eine beglückende Notwendigkeit zu sehen. Angesichts wachsender Zukunfts- und Existenzängste entdecken wir, was die Berührung letztendlich schon immer war und immer sein wird: Berührung ist die ursprünglichste Form der Kommunikation.

»Du fasst mich so selten an«, klagen viele Frauen. Wenn Männer lernen, dass sie das selbst beglückt, wird diese Klage verstummen.

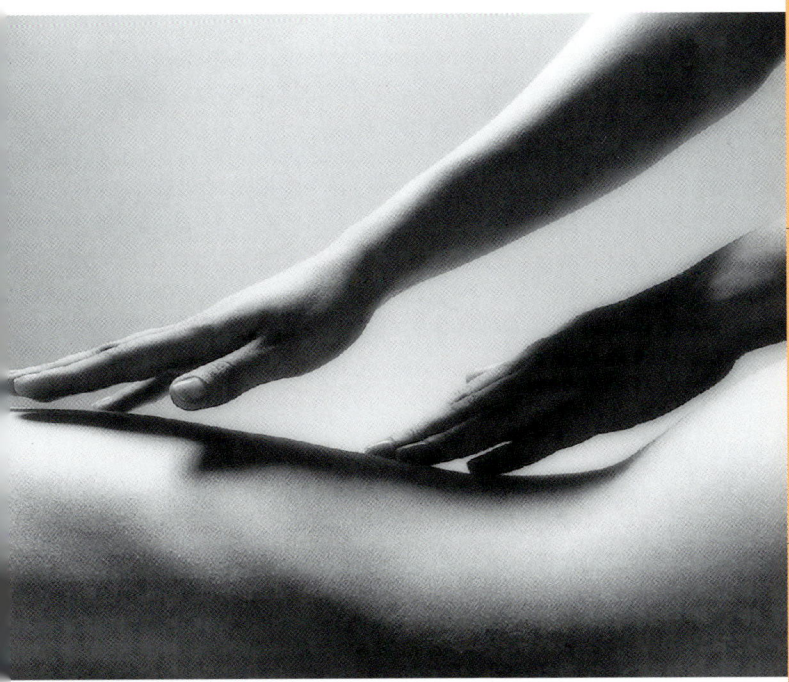

»Der Körper ist der Überset-
zer der Seele ins Sichtbare.«

(Christian Morgenstern)

GLÜCKSFÄHIGKEIT VERBESSERT
DIE IMMUNLAGE

WARUM WERDEN MANCHE MENSCHEN VOM STRESS KRANK UND ANDERE NICHT? WEIL SIE STRESS UNTERSCHIEDLICH BEURTEILEN UND MIT IHM UMGEHEN. ES KOMMT DARAUF AN, WIE WIR STRESS BEWERTEN. DENN PSYCHE UND IMMUNSYSTEM STEHEN MITEINANDER IN STÄNDIGEM AUSTAUSCH.

WAS UNS DIE PSYCHONEURO-IMMUNOLOGIE VERRÄT

Oben sitzt der Boss: mächtig, intellektuell und letzte Instanz für alle Entscheidungen. Was die da unten machen, bestimmt er und ohne ihn sind sie gar nichts. So hat bis vor kurzem unsere Vorstellung von Bedeutung und Funktion des Gehirns ausgesehen.

Und dann gibt es diesen hilfreichen Freund, unintellektuell, aber instinktsicher, der uns vor Angriffen beschützt – solange es ihm gut geht. Aber er kann uns im Stich lassen und damit lebensgefährlich werden. So haben wir uns bisher das Immunsystem vorgestellt.

Doch ein recht junger Wissenschaftszweig stellt all diese Laien- und Lehrmeinungen über den Zusammenhang von Gehirn und Immunsystem auf den Kopf. »Psychoneuroimmunologie« nennt sich dieses Fachgebiet, ein langer und nicht einmal ganz zutreffender Begriff. Denn eigentlich müsste er »Psychoimmunoendokrinologie« heißen, weil es nämlich um die Verflechtung von psychischen Prozessen mit der Immunlage und den endokrinen, also den inneren Drüsen geht, die unsere Hormone produzieren.

Während die Psychosomatik nur einseitig die Auswirkungen seelischer Prozesse auf den Organismus untersucht, hat die Psychoneuroimmunologie die wechselseitige Beeinflussung zum Forschungsgegenstand. Denn so wie Berührung niemals einseitig ist – wer berührt, wird berührt –, sind auch die Einflüsse der Seele auf den Körper nicht zu trennen von denen des Körpers auf die Seele.

In Experimenten unterschiedlichster Ausrichtung kamen die Forscher dabei zu einer aufregenden Entdeckung: Glücksfähigkeit und Immunsystem stehen miteinander in enger Wechselbeziehung.

Wer seine Glücksfähigkeit trainiert, trainiert auch seine Immunabwehr.

Da stellt sich die Frage: Wie funktioniert die Zusammenarbeit von Gehirn, endokrinen Drüsen und Immunsystem, wenn nicht so hierarchisch, wie wir bisher dachten? Das Ganze funktioniert demokra-

»Lächeln ist das

Kleingeld des Glücks.«

Heinz Rühmann

WIE WIR UNS GLÜCKLICH LÄCHELN

Die neu entdeckte Verkoppelung von Fühlen und Denken können wir nutzen, um unsere Glücksfähigkeit zu steigern. Denn Gefühle, die wir häufig und stark erleben, führen zu einer Überflutung des Gehirns mit den entsprechenden Botenstoffen. Das verändert mit der Zeit die Rezeptoren auf den Zellmembranen: Sie erinnern sich immer besser an die abgespeicherte Information. So entsteht eine Art von biochemischem Gedächtnis. Und dadurch wird die Erinnerungsfähigkeit für ein bestimmtes Gefühl gesteigert. Der Körper weiß nun, wie dieses Gefühl geht, und stellt es immer leichter und schneller her. Je öfter wir also Glück erleben, desto mehr trainieren wir uns für weitere Glücksgefühle.

Jede Gefühlserregung ist auch verbunden mit bestimmten Muskelreaktionen, die sofort wieder dem Gehirn gemeldet werden. Und zwar einmal den Regionen für Gefühle, zum anderen aber auch der Großhirnrinde, wo das aktuelle Körpergeschehen ununterbrochen registriert wird.

Wenn wir vorsätzlich lächeln, das Lächeln also eine reine Muskelaktion ist, wird diese ans Gehirn rückgemeldet, wodurch dort eine höhere Bereitschaft für eine positive Stimmung entsteht. Das funktioniert auch, wenn wir ohne jeden Grund lächeln. Wir können uns also glücklich lächeln.

> Versuchen Sie den ganzen Tag über immer wieder, ganz kurz bewusst zu lächeln – gerade dann, wenn Sie merken, dass Sie verbiestert oder deprimiert dreinschauen. Spüren Sie das Lächeln in Ihrem Gesicht und registrieren Sie, wie sich wirklich Heiterkeit in Ihnen auszubreiten beginnt.

> Lassen Sie sich berühren von der guten Stimmung anderer. Nutzen Sie den Effekt von ansteckendem Gelächter. Lachen Sie mit, wenn Sie Menschen lachen hören. Und verkneifen Sie sich nie ein Lächeln oder Lachen.

tisch und basiert auf völliger Gleichberechtigung. Intelligenz findet sich eben nicht nur im Gehirn, sondern im ganzen Körper. Deswegen ist auch der Informationsaustausch nie einseitig, sondern immer wechselseitig.

Man kann sich das so vorstellen: Im Gehirn werden aufmerksam die Mitteilungen gelesen, welche die Abwehrzellen losschicken. Umgekehrt lesen die Abwehrzellen, was das Gehirn ihnen an aktuellen Neuigkeiten mitzuteilen hat. Das Medium ihres Informationsaustauschs sind chemische Botenstoffe.

Noch dichter wird dieses Informationsnetz durch die Hormone: Abwehrzellen und Nervenzellen nehmen auf, was die Hormone ihnen zu sagen haben. Umgekehrt produzieren sie als Antwort auch selbst Hormone, was wiederum die Hormondrüsen zur Kenntnis nehmen.

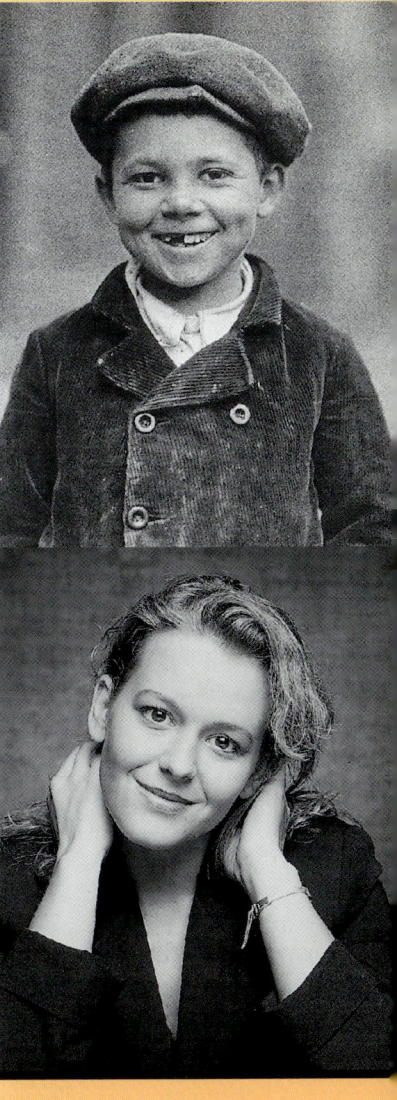

DIE GEFÜHLE – DAS WICHTIGE BINDEGLIED

Alle Informationssysteme sind also miteinander verbunden. Aber was bedeutet das nun für unsere Glücksfähigkeit? Was oder wer stellt denn die Verbindung her zwischen unserem Körper und unseren Empfindungen?

Hier verblüfft die renommierte amerikanische Neurowissenschaftlerin Candace Perth mit einer Antwort, die so gar nicht den Forschungslaboren zu entstammen scheint: Sie redet von Gefühl. »Gefühl ist das Bindeglied zwischen Materie und Geist«, betont Perth. Daher spricht sie auch von »Körpergeist«.

Candace Perths umfassende Arbeit über den Zusammenhang zwischen biochemischen Reaktionen und Emotionen, in den USA bereits ein Bestseller, ist unter dem Titel *Moleküle der Gefühle* auch in Deutschland erschienen. Darin wird manches, was wir geahnt und, wie der tägliche Sprachgebrauch zeigt, längst verinnerlicht haben, plötzlich plausibel und beweisbar. So sprechen wir zum Beispiel, wenn wir erregt sind, von »Schmetterlingen im Bauch«, weil sich unser Gemütszustand auf Magen und Darm schlägt. Dass es auch in umgekehrter Richtung funktioniert und die Darmbewegung unseren Gefühlszustand negativ verändern kann, ist ebenfalls bekannt: Im Englischen nennt man jemanden, der schlecht gelaunt und mürrisch ist, *dyspeptic*. Das meint wörtlich übersetzt, dass er an Verdauungsstörungen leidet. Diese unglückliche Stimmung hat also organische Ursachen, das leuchtet uns ein.

WARUM STRESS RELATIV IST

Was hat das alles nun mit der Immunlage zu tun? »Nur ein in seiner Abwehr geschwächter Organismus«, so der Serologe Paul Ehrlich, »wird krank.« Was die Immunabwehr, gerade bei uns westlichen Menschen, besonders oft schwächt, ist jedem bekannt: der Stress. Zugleich fallen aber jedem Beispiele dafür ein, dass Menschen, die viel Stress ausgesetzt sind, oft über eine sehr stabile Gesundheit verfügen. Des Rätsels Lösung liefert die differenzierte neue Betrachtung des Phänomens »Stress« durch die Psychoneuroimmunologie.

Bekannt war bisher, dass der Körper bei akuten oder länger andauernden Belastungen Stressreaktionen zeigt. Das heißt: der Organismus schlägt Alarm. Über die Hypophyse – die Hirnanhangsdrüse – und das Vegetative Nervensystem sorgt er für Hormonausschüttungen, die auf das Immunsystem wirken.

Die Psychoneuroimmunologie hat nun untersucht, wovon es abhängt, ob und wie sehr das Immunsystem durch Stress gestärkt oder geschwächt wird. Dabei spielt es natürlich zuerst einmal eine Rolle, um welche Sorte Stress es sich handelt – um negativen, den so genannten »Disstress«, oder positiven »Eustress«. Eustress empfindet zum Beispiel ein Tennisspieler, wenn er seine Bälle geschickt über den Platz jagt; Eustress ist auch die freudige Erregung der Braut an ihrem Hochzeitstag. Disstress hingegen wird ausgelöst, wenn jemand, der ohnehin in Zeitnot ist, noch in einen Stau gerät.

Eustress und Disstress weisen eine Parallele zur Berührung auf. Jeder kennt es: Dasselbe Phänomen kann gegensätzliche Empfindungen auslösen. Drückt sich in der überfüllten U-Bahn ein fremder Fahrgast von hinten an uns, löst das ein unangenehmes Gefühl des Bedrängt- und Beengtseins aus. Schmiegt sich der Freund oder die Freundin von hinten an, genießen wir diese Berührung als wohltuend und beglückend.

Aber für das subjektive Stress-Erleben spielen darüber hinaus noch andere, bisher wenig berücksichtigte Faktoren eine Rolle.

STRESS IST AUCH EINE CHARAKTERFRAGE

Hierzu referiert der deutsche Psychologe Jürgen Hennig umfangreiche Untersuchungsergebnisse in seinem Standardwerk über *Psychoneuroimmunologie*. Neben Geschlecht und Alter sind es vor allem Charaktermerkmale, die darüber entscheiden, ob Stress das Immun-

Es gibt guten und schlechten Stress. Welchen von beiden wir erleben, bestimmen wir selbst.

system angreift oder nicht. Ängstliche Menschen und solche, die zu Ärger, Depression und Feindseligkeit neigen, reagieren deutlich sensibler auf Stress als andere. Andererseits gibt es eine Veranlagung, die den Stresseinfluss entscheidend herabsetzt: ein guter Sinn für Humor. Humor besteht in der Fähigkeit, ein Erlebnis als erheiternd oder unfreiwillig komisch zu interpretieren, das ein humorloser Mensch ernst nehmen würde.

Es kommt auf die Deutung dessen an, was geschieht, so wie das auch bei Berührungen der Fall ist: Streicht mir jemand übers schön frisierte Haar, kann ich das als mutwillige Zerstörung meiner Frisur empfinden, aber auch als eine liebevolle, zärtliche Geste genießen. Wenn ich mir die frisch gewaschene helle Hose oder das weiße Kleid mit Rotwein oder Tomatensauce verkleckere, kann ich vor Ärger an die Decke gehen – oder lachend feststellen, dass helle Kleidungsstücke offenbar eine magische Anziehungskraft auf rote Nahrungsmittel besitzen. Humor ist eine Einstellungsfrage. Und die Einstellung lässt sich trainieren.

Auch die Einstellung zur Macht hat Einfluss darauf, wie stark der Stress die Immunlage schädigt: Menschen, die Macht ausüben wollen, dieses Bedürfnis aber nicht zugeben oder ausleben, haben von vornherein ein nachweisbar weniger aktives, abwehrbereites Immunsystem als solche, denen ihre Ruhe wichtig ist, die kooperationsbereit sind und dazu neigen, sich bei anderen anzulehnen. Was ganz alltägliche Stressoren angeht, zeigte sich: Bei Menschen, die zu Selbstvorwürfen neigen, schädigt der Stress die Immunabwehr besonders.

KONTROLLMÖGLICHKEITEN VERRINGERN DEN STRESS

Selbstverständlich ist nicht nur die Art eines Stressors von Bedeutung, auch seine Intensität und Dauer sind ausschlaggebend dafür, wie er sich auf die Immunlage auswirkt. Überraschend wichtig ist darüber hinaus die Kontrollierbarkeit der Situation. Wer sich dem Stress hilflos ausgeliefert fühlt, hat demzufolge mit schwereren Auswirkungen zu kämpfen als jemand, der glaubt, etwas dagegen unternehmen zu können. Besonders aufschlussreich war bei entsprechenden Versuchen: Es geht gar nicht um die wirkliche Chance, der Stresssituation zu entkommen. Bereits das Gefühl, etwas gegen den Stress tun zu können, verringert die stressbedingte Schädigung der Immunabwehr. Probanden wurden in Einzelkabinen einer hohen Lärmbelastung aus-

Humor funktioniert wie ein umgedrehtes Fernglas: Mit Humor betrachtet, sieht jedes Problem viel kleiner aus.

gesetzt. Die erste Gruppe hatte keine Gelegenheit, die Geräuschkulisse zu beeinflussen. Die zweite konnte den Lärm durch richtige Betätigung eines Knopfs abstellen. Die dritte verfügte ebenfalls über eine solche Vorrichtung, die aber nichts bewirkte – der Lärm ging weiter. Sie mussten also der Meinung sein, den Knopf fehlerhaft bedient zu haben. Trotzdem wurde nicht nur bei der zweiten, sondern auch bei dieser dritten Gruppe eine kaum reduzierte Immunabwehr gemessen, wohingegen die absolut hilflosen Probanden deutlich geschädigt wurden.

Das heißt: Bereits der Glaube, eine Situation kontrollieren zu können, führt zu einem psychologisch und physiologisch besseren Zustand.

WIE MAN AN DIE RETTENDE LÖSUNG GLAUBT

Auch in ausweglos erscheinenden Situationen gibt es immer eine Lösung, die man nur auf Anhieb meist nicht sieht. Wir alle haben oft Probleme, einen Schritt zur Seite zu treten und unsere Schwierigkeiten mit den Augen eines Außenstehenden zu betrachten.

Ein erfolgreicher Telefonseelsorger macht mit Suizidkandidaten, die eigentlich nur den letzten Hilfeschrei an ihn richten und mitteilen wollen, dass sie sich nun umbringen werden, eine interessante, sich regelmäßig wiederholende Erfahrung. Schildert er einem von ihnen die Probleme desjenigen, der gerade vorher angerufen hat, sagt der Lebensmüde empört: »Aber das ist doch kein Grund, sich umzubringen!« Wenn er dann entgegnet, das werde der nächste Anrufer über sein Problem auch sagen, schafft der Lebensmüde es auf einmal, etwas zu erkennen: dass nämlich sein vermeintlich unlösbares Problem durchaus lösbar ist. Sein Blick weitet sich und er wagt es wieder daran zu glauben, dass das Glück um die nächste Ecke liegen kann.

DAS »RETTE-MICH«-SPIEL

Erstaunlicherweise lässt sich der Glaube an die rettende Lösung, das nahe liegende Glück ganz spielerisch lernen: mit dem »Rette-mich«-Spiel. Dazu brauchen Sie nur einen Partner, Bleistift und Papier – und Fantasie. Der eine von Ihnen zeichnet irgendeine erfundene Notlage für ein beliebiges Lebewesen auf ein Blatt Papier. Das kann beispielsweise ein gefesseltes Strichmännchen sein, auf das gerade ein Felsbrocken herabstürzt. Der andere von Ihnen muss nun die Rettung bewerkstelligen – in dem Sie die Zeichnung so ergänzen, dass dem

»Glauben ist eine Art von sechstem Sinn, wenn der Verstand versagt.«

(Mahatma Gandhi)

Männchen nichts passiert. Das Verblüffende dabei: Je auswegloser die Lage scheint, desto mehr Spaß macht es, eine Rettungsmöglichkeit zu erfinden. Und je absurder und verrückter diese Aktion ist, desto vergnügter und einfallsreicher werden die Spieler.

Entscheidend für die Auswirkung von Stress auf den Organismus ist nicht, wie groß er objektiv ist, sondern wie schlimm er subjektiv empfunden wird. Das gilt auch für klassische Stressoren wie die Trennung vom Partner. Wer eine Trennung als Neuanfang begreift und das Alleinsein nicht als ungewollte Einsamkeit, sondern als Freiheit und Unabhängigkeit, hat weniger mit immunbedingten körperlichen Folgeerscheinungen zu kämpfen.

Wichtig ist gerade für Menschen, die verlassen worden sind – ob durch Trennung oder Tod –, das Gefühl, nicht völlig allein gelassen zu sein. Physische Nähe sagt wortlos, dass jemand auch psychisch nah ist. Das genau ist der Grund, warum oft selbst eine kurze Berührung hilfreich ist. Jemanden zu umarmen, der am Grab eines geliebten Menschen steht, bringt mehr als viele gute Worte.

Wer noch einen Ausweg sieht, leidet nicht unter Stress. Und die Lösung liegt oft auf der Hand.

Bewegung macht uns unsere

Beweglichkeit bewusst – und

damit unsere Freiheit.

BEWEGUNG
MACHT GLÜCKLICH

JEDER WEISS ES: KÖRPERLICHE BEWEGUNG BRINGT AUCH BEWE-
GUNG IN DIE GEFÜHLSLAGE. ABER NICHT NUR DIE STIMMUNG
WIRD BESSER, AUCH DIE DENKFÄHIGKEIT. WORAN DAS LIEGT?
UNSERE MUSKELFASERN SIND NICHT NUR FÜR BEWEGUNGEN
ZUSTÄNDIG, SONDERN SIE KOMMUNIZIEREN STÄNDIG MIT DEM
GEHIRN.

WIE MUSKELN DIE STIMMUNG BEEINFLUSSEN

Bewegung, heißt es, macht glücklich. Das ist keine Unterstellung, es
ist eine biochemische Tatsache: Schon mäßige körperliche Aktivität
reduziert Angst und Depressionen. Denn es bestehen Wechselwir-
kungen zwischen dem Muskelstoffwechsel und dem so genannten
Limbischen System – jenen Gehirnregionen, die für unser Gefühlsle-
ben wichtig sind. Der Beweis funktioniert hier wiederum auch in
umgekehrter Richtung: Beraubt man Menschen oder Tiere der Gelegenheit, sich zu bewegen, werden sie schnell depressiv. Ebenso gilt:
Depression ist oft verbunden mit einer motorischen Antriebslosig-
keit. Das fängt damit an, dass ein depressiver Mensch kaum aus dem
Bett kommt, und endet zuweilen in einer völligen Starre, dem depres-
siven Stupor.

Wie wichtig die Muskeln für unsere Stimmungslage sind, ergibt sich
aus genauen anatomischen Analysen: Nur zehn Prozent der Nerven-
fasern in der Muskulatur werden nämlich dafür benutzt, den Muskel
zu bewegen. 40 Prozent steuern seine Blutversorgung, und die übrigen sind dafür zuständig, dem Gehirn zu melden, was in der entsprechenden Körperregion gerade los ist.

Wichtig für unser Wohlbefinden ist, dass sich etwas tut, nicht so sehr,
wie viel. Das hat auch ein Experiment mit Affen bewiesen. Tiere, die
regelmäßig Koordinationsübungen absolvieren mussten, blieben länger jung: der altersbedingte Schwund der Synapsen, der Verbindun-
gen zwischen den Hirnzellen, wurde messbar aufgehalten. Dieser
Schwund ist so gesehen ganz leicht erklärbar – er ist wahrscheinlich
die Folge des ebenfalls altersbedingten Muskelabbaus.

Wichtig ist, dass wir uns bewegen. Egal ist, welche Art des Bewegens wir wählen.

BEWEGUNG BIS INS HOHE ALTER

Nicht um die Muskulatur zu stählen, sondern um die Kommunikation von Muskeln und Hirnzellen zu aktivieren, ist also Bewegung bis ans Lebensende so wichtig. Dabei ist keinesfalls von Leistungssport die Rede, vielmehr geht es um moderate körperliche Aktivität. Dass höhere körperliche Belastung nicht unbedingt besser ist – weder für die Gesundheit noch für die Stimmung – beweisen auch andere Untersuchungen. Extreme Ausdauersportarten genießen zum Beispiel den Ruf, besonders vorteilhaft für seelische und körperliche Kondition zu sein. Aber eine Studie der Forschergruppe um D. C. Nieman von 1989 mit 2311 Teilnehmern des Los-Angeles-Marathon bewies das Gegenteil. Eine Woche nach dem Lauf erkrankten fast 13 Prozent der Teilnehmer an Infektionen – und das unabhängig von irgendwelchen Infektionskrankheiten, die gerade kursierten. Denn von denjenigen, die sich zum Lauf angemeldet, aber nicht teilgenommen hatten, erwischte es nur 2,2 Prozent. Noch höhere sportliche Leistung brachte ein noch schlechteres Ergebnis, was die Immunlage angeht. Von denjenigen Läufern, die im Training mehr als 96 km pro Woche absolviert hatten, wurden doppelt so viele krank wie von denen, die nur 32 km pro Woche liefen. Dabei spielen sicher nicht nur physiologische, sondern auch seelische Bedingungen eine Rolle. Wie wesentlich die Wettbewerbshaltung, also die innere Einstellung, für Gesundheit und Wohlbefinden ist, ergab eine andere Studie: Sportler mit großem Ehrgeiz sind deutlich anfälliger gegenüber Infektionen. Ehrgeiz und Übertreibung sind also Faktoren, die destabilisieren. Hingegen sind eine spielerisch gelassene Einstellung zum Sport und ein vernünftiges Maß an Bewegung körperlich wie seelisch von Vorteil: Kurzfristige Aktivität stärkt das Immunsystem und sorgt für gute Stimmung.

WANN SPORT UNS GLÜCKSGEFÜHLE SCHENKT

Ob Sport glücklich macht, hängt also davon ab, dass er in Maßen betrieben wird, mit einer gelassenen Einstellung und in einer angenehmen Umgebung, die für Sie persönlich stimmig ist.

- Nehmen Sie beim Sport bewusst wahr, was Ihren Körper berührt: Spüren Sie beim Laufen den weichen Waldboden unter den Füßen, beim Schwimmen das Wasser auf der Haut, beim Bergwandern den frischen Wind im Gesicht.

»Höchstleistung im Sport und vergnügliches Leben sind wie Feuer und Wasser.«

(Sepp Herberger)

■ Lassen Sie sich beim Sport von der Natur berühren und vermeiden Sie möglichst Hallensportarten. Schirmen Sie sich nicht mit einem Walkman vom Vogelgezwitscher, vom Plätschern eines Baches oder vom Rauschen des Windes in den Bäumen ab. Atmen Sie die Gerüche der Natur bewusst und tief ein.

■ Genießen Sie die Berührung mit jedem Wetter; gehen Sie auch bei Kälte oder Regen spazieren. Erleben Sie ganz bewusst die Stille bei einem nächtlichen Spaziergang mitten in der Stadt, wenn der frisch gefallene Schnee die Straßen wattiert.

■ Ganz in seinem Element sein – das ist ein Glücksgefühl. Wählen Sie sich das Element für den Sport aus, das Ihr liebstes ist – Wasser, Luft oder Erde.

■ Und suchen Sie sich eine Sportart aus, bei der Sie Menschen begegnen, die Ihnen angenehm sind.

»Lob des Sports: Alles, was den Menschen von ihm selbst befreit, ist gut.«

(Stefan Napierski)

Für die Lust an der Bewegung braucht es nicht unbedingt Sportgeräte – nur die richtige Einstellung.

BEWEGUNGSMÖGLICHKEITEN IM ALLTAG

Wenn Sie meinen, nicht genügend Zeit zu haben, um regelmäßig Sport zu treiben, oder wenn es Ihnen schwer fällt, sich aufzuraffen, werden Sie zum Gelegenheitssportler: Nutzen Sie jede Chance im Alltag, sich zu bewegen.

- Gehen Sie Treppen zu Fuß hinauf und hinunter, anstatt den Lift oder die Rolltreppe zu benutzen.
- Erledigen Sie Einkäufe mit dem Fahrrad.
- Gehen Sie zum Kino oder zu Ihrem Lieblingsitaliener, wenn es die Entfernung erlaubt, zügig zu Fuß.
- Wählen Sie für den Sonntagsausflug ein Ziel in Ihrer Nähe und fahren Sie mit dem Fahrrad dorthin, statt mit dem Auto.
- Und machen Sie so oft wie möglich einen halbstündigen flotten Spaziergang, anstatt dazusitzen und vom Tennis zu reden.

Entdecken Sie die spielerischen Möglichkeiten, sich zu bewegen – und ohne falschen Ehrgeiz Sport zu treiben: Spielen Sie Frisbee oder Federball, Tischtennis oder Fangen mit Ihren Kindern – und haben Sie Spaß daran. Nicht dass Sie eine sportliche Leistung erbringen, ist wichtig für das Glücksgefühl, sondern dass Sie sich Ihrer Kondition angemessen bewegen und eine Bewegungsart wählen, die Ihnen wirklich Freude bereitet.

Sport kommt vom englischen sport. Und das hieß ursprünglich »Vergnügen und Kurzweil«.

NATUR MACHT LAUNE

Untersuchungen haben ergeben, dass die äußeren Umstände großen Einfluss darauf haben, wie sehr Sport glücklich macht, also die subjektive wie objektiv messbare Stimmungslage verbessert. Testpersonen waren nach einem Dauerlauf in der freien Natur angenehm müde und bei guter Stimmung. Wenn die gleiche Laufleistung auf einem Laufband in der Halle absolviert wurde, waren die Probanden anschließend nur erschöpft und nicht gut drauf. Wenn die Hallenläufer gleichzeitig über Kopfhörer Vogelgezwitscher zu hören bekamen, lagen ihre Stimmungswerte etwa in der Mitte.

Die Sorgen wegspülen –
davon reden wir theoretisch.
Aber wir sollten es auch
ganz praktisch tun.

PSYCHOHYGIENE BEFREIT
VON SEELENVERSCHMUTZUNG

UNSEREN KÖRPER WASCHEN WIR JEDEN TAG. ABER AUCH UNSERE SEELE BRAUCHT HYGIENE. WIE DAS GEHT? INDEM WIR UNS SEE-LISCHE VERSCHMUTZUNGEN ERSPAREN – UND DAS, WAS DIE SEELE VERUNREINIGT UND BELASTET, BEWUSST LOSWERDEN.

WIE UNS DAS RICHTIGE UNTER DIE HAUT GEHT

Glück sei, hat Gottfried Benn gesagt, »dumm sein und Arbeit haben«. Was so zynisch klingt, ist wahr; schließlich war Benn nicht nur Dichter, er war auch Arzt. Aktuelle Untersuchungen haben ergeben, dass weniger intelligente, einfacher gestrickte Menschen unter ihrer mangelnden Intelligenz nicht leiden – und dass sie vieles, was andere belastet, gar nicht wahrnehmen. Sie tragen weniger Seelenmüll mit sich herum. Diesen Zustand können aber die Intelligenten ebenfalls herstellen – durch das, was wir »Psychohygiene« nennen.

Die alltägliche körperliche Hygiene ist jedem eine selbstverständliche Gewohnheit. Auch derjenige, dem nicht bekannt ist, dass sich dieser Begriff vom griechischen Wort *hygieinós* ableitet, das »heilsam, gesund, kräftig« bedeutet, weiß, dass Hygiene unabdingbar ist für ein gesundes Dasein. Trotzdem denken die meisten von uns nicht daran, diese Erkenntnis auf das Seelenleben zu übertragen.

Hygiene heißt, Schmutz von sich fernzuhalten oder umgehend abzuwaschen, weil er zu Infektionen und anderen Krankheiten führen kann. Für die Seele bedeutet das: Wir müssen Schmutz in Gestalt von negativen Gedanken und Gefühlen loswerden oder dürfen ihn gar nicht erst an uns heranlassen.

SCHUTZMASSNAHMEN

Wer im Stande ist, sich berühren zu lassen, hat offene Poren für das, was um ihn herum geschieht. Das ist die Chance – und gleichzeitig die Gefahr. Unsere Haut besitzt eine Fähigkeit, die unsere Seelenhaut erst erwerben muss: Die Körperhaut stellt einen natürlichen Schutzmantel dar, der durch seine mechanische Funktion, die Abwehrzellen und den pH-Wert verhindert, dass Krankheitserreger ungehindert in

Schmutz setzt sich fest. Seelenschmutz genauso. Dagegen hilft tägliches Seelenputzen.

den Körper eindringen. Sie hat eine Filterfunktion, die unsere Seele ebenfalls braucht. Gleichzeitig scheidet sie Schadstoffe aus, die der Organismus loswerden muss. »Glück ist Gesundheit und ein schlechtes Gedächtnis«, spottete einst Ernest Hemingway – und hatte damit durchaus Recht, denn vergessen zu können ist eine lebensnotwendige Hygienemaßnahme. Darüber hinaus aber gibt es Schutzmaßnahmen für die Seele, die wir bewusst üben können:

- Sehen Sie keine Filme oder Videos an, in denen grausame und brutale Szenen zu erwarten sind. Sich dagegen abzuhärten ist keine Leistung, sondern eine Gefahr; solche Bilder infizieren das Gehirn und die Psyche nämlich dauerhaft. Sie hinterlassen Rückstände, die abgelagert und zu einem anderen Zeitpunkt wieder hochgespült werden.

- Ziehen Sie sich auch im erschöpften Zustand keine schwachsinnigen Talkshows oder verblödende Comedy-Sendungen rein. Die mangelnde Qualität wirkt sich auf die Seele aus wie Junkfood auf den Körper: Nach und nach sammeln sich dadurch Schlacken an, die dem gesamten Organismus schaden, und Sie verlieren allmählich den Sinn für das, was gut ist.

- Nehmen Sie Nachrichten als knappe Informationen auf, am besten im Rundfunk. Reduzieren Sie die Informationsflut auf das Wesentliche, wählen Sie aus. Ersparen Sie sich die grässlich einprägsamen Bilder von Massakern und Morden, Katastrophen und Kriegen. Solche abgespeicherten Horrorbilder sind das Material für nächtliche Albträume.

- Halten Sie sich Leute vom Leibe, die ständig nur lästern, boshaft über andere reden und üble Gerüchte verbreiten – zumal Sie sich ausrechnen können, dass diese Menschen hinter Ihrem Rücken über Sie genauso reden. Wer sich mit hämischen, zynischen und missgünstigen Menschen umgibt, wird davon angesteckt. Es ist sicher kein Zufall, dass es richtige Nester von Klatschmäulern gibt.

- Schlechte Erinnerungen an Blamage, Ärger und Versagen sollten Sie nicht immer wieder heraufbeschwören. Nachts noch weiter über Probleme zu grübeln ist, als legte man sich verschwitzt und stinkend ins Bett. Aber oft fällt es uns schwer, negative Gedanken loszulassen. Nicht loszulassen kann selbstzerstörerisch sein – nicht nur für Menschen und nicht nur im übertragenen Sinn, wie die folgende kleine Geschichte zeigt.

Nicht alles Schlimme aufzunehmen heißt nicht, Scheuklappen tragen, sondern einen Schutzhelm.

NICHT LOSZULASSEN KANN »TÖDLICH« SEIN

In Indien werden Affen in manchen Gegenden noch mit einem alten Trick gefangen. Dabei wird in eine Kokosnussschale ein Loch geschnitten – groß genug, dass ein Affe seine Hand durchstecken kann. Diese Nussschale wird mit Draht an einem Baum befestigt und in ihr Inneres wird eine Banane gelegt. Aus einiger Entfernung beobachten die Jäger dann, wie der Affe die Banane entdeckt, seine Hand in die Kokosnuss steckt, die Frucht packt und herausziehen will. Aber für seine Faust mit Banane ist das Loch zu klein. Jetzt stürmen die Jäger aus ihrem Versteck. Ließe der Affe die Frucht zurück, könnte er sofort fliehen. Aber er ist nicht im Stande, die Beute aufzugeben – loszulassen. So kann er gefangen und getötet werden.

Denken Sie an diesen Affen, wenn Sie sich an negativen Gedanken festklammern!

WIE AUFMERKSAMKEITSTRAINING GLÜCKLICH MACHT

Manchmal ist auch psychotherapeutische Hilfe nötig, um zu erkennen, warum das Loslassen so schwer fällt, was die unbewussten Ursachen für das Festhalten sind und wie sie aufgelöst werden können. Aber in den meisten Fällen reicht eine leicht erlernbare Technik aus, um aus eigener Kraft die gefangenen Gedanken zu befreien: das so genannte Aufmerksamkeitstraining. Dabei trainieren Sie, in ganz alltäglichen Situationen immer wieder bewusst in den gegenwärtigen Augenblick zurückzukehren, statt Gedanken an die Vergangenheit oder Ängsten vor der Zukunft nachzuhängen.

Bei diesem Aufmerksamkeitstraining handelt es sich um eine auf alten fernöstlichen Meditationspraktiken basierende Anti-Stress-Technik, die in den USA seit langem erfolgreich eingesetzt wird. Sie besteht einfach darin, seine Aufmerksamkeit voll und ganz auf bestimmte elementare Körperfunktionen oder Betätigungen zu richten. Je länger Sie üben, desto enger treten Sie in Berührung mit sich selbst – und verhindern so, dass störende Gedanken sich dazwischendrängen. Und indem Sie Ihre Aufmerksamkeit bewusst verlagern, gewinnen Sie auch über unbewusste Prozesse in Ihrem Organismus die Herrschaft.

»Die Herrschaft über den Augenblick ist die Herrschaft über das Leben.«

(Marie von Ebner-Eschenbach)

1. ÜBUNG: NICHTS ALS ATMEN

Legen Sie sich auf den Rücken und atmen Sie so ein, dass sich die Bauchdecke – nicht etwa der Brustkorb – deutlich hebt, und atmen Sie dann langsam aus, wobei sich die Bauchdecke senkt. Richten Sie Ihre Aufmerksamkeit auf nichts anderes als diesen Vorgang. Wenn sich ablenkende Gedanken oder Gefühle einschleichen wollen, schauen Sie sich diese an wie Besucher, die Sie nichts angehen. Bewerten Sie sie nicht als gut oder schlecht, sondern bleiben Sie innerlich unbeteiligt und lenken Ihre Aufmerksamkeit konsequent zur Atmung zurück.

Wiederholen Sie diese Basisübung täglich, anfangs nur wenige Minuten lang, und hegen Sie dabei keine bestimmte Erwartung. Das Loslassen störender Gedanken wird Ihnen von Tag zu Tag leichter fallen.

2. ÜBUNG: NICHTS ALS SCHMECKEN

Legen Sie sich eine Rosine auf die Zunge, schließen Sie die Augen, spüren Sie ihren Geschmack, ihre Süße und wie sie langsam weich wird. Zerkauen Sie sie bewusst und schlucken sie nicht schnell hinunter, sondern wie eine kostbare Delikatesse. Mit dieser Hingabe sollten Sie dann auch bei den täglichen Mahlzeiten essen – und dabei nicht lesen, streiten oder fernsehen, sondern bestenfalls über das gute Essen reden.

3. ÜBUNG: NICHTS ALS DUSCHEN

Richten Sie Ihre Aufmerksamkeit beim Duschen nur aufs Duschen. Spüren Sie ganz bewusst, wie das warme Wasser Ihren Körper hinunterrinnt, wie sich der Schaum auf der Haut anfühlt, wie die Seife oder das Duschgel duftet, wie sich Ihr Körper anfasst. Denken Sie nicht an den Arbeitstag, den Sie vor oder hinter sich haben, an den Streit mit Ihrem Partner oder daran, was Sie noch alles einkaufen müssen. Lassen Sie sich Zeit – und berühren Sie den Augenblick!

Hingabe beglückt. Und Hingabe verlangt, sich von nichts ablenken zu lassen.

Wer eine reife Frucht ge-
nüsslich isst, weiß wie das
Glück schmeckt.

DAS GLÜCK KOMMT,
WENN WIR ES ERWARTEN

Es gibt ein Medikament, das Wunder wirkt – obwohl es keinerlei Wirkstoff enthält. Das ist kein esoterischer Humbug, sondern modernste Medizin – und uralte. Die Rede ist vom Placebo. Wie es funktioniert? Allein durch den Glauben. Und genauso verhält es sich auch mit dem Glück.

WAS DAS MODELL PLACEBO ZEIGT

Das Placebo bezieht seine Wirkungskraft aus psychischen Komponenten: Vertrauen, Zutrauen, Hoffnung – anders gesagt aus einer positiven Erwartungshaltung. Unter dem Schlagwort der *selffulfilling prophecy*, der sich selbst erfüllenden Vorhersage, ist der Mechanismus allgemein bekannt. Was wir uns mit aller Kraft wünschen und woran wir glauben, kann Wirklichkeit werden – also auch unsere Vorstellung vom Glück und dem, was es dazu braucht. »Das Glück«, sagte einmal der englisch-irische Schriftsteller Lawrence Durrell, »beruht oft nur auf dem Entschluss, glücklich zu sein.«

Wie viel der Glaube bewirken kann, war bereits den Ärzten der Antike bekannt. Sie nutzten dies bei der Behandlung unterschiedlichster Beschwerden mit einem Scheinmedikament. Auch die Bader und Quacksalber im Mittelalter haben Zuckerkügelchen als Wundermedizin verabreicht, weil sie von dem Placebo-Effekt wussten. Und dieses Wissen geriet nie in Vergessenheit, in Verruf allerdings schon. Viele Wissenschaftler, Ärzte und Patienten sind der Ansicht, dass ein Scheinmedikament eigentlich nur bei eingebildeten Kranken oder Hysterikern funktioniert. Die Placebo-Behandlung gilt allgemein als ein Relikt aus unaufgeklärten Zeiten.

DIE RENAISSANCE DER SCHEINMEDIKAMENTE

Aber seit neuestem setzt sich bei aufgeschlossenen Ärzten eine ganz andere Einstellung zum Placebo durch. Denn aktuelle Forschungsergebnisse, vor allem aus der Psychoneuroimmunologie, beweisen einwandfrei: Placebos gehören zu den wirkungsvollsten Medikamenten

»Wenn ihr glauben würdet, glücklich zu sein, dann wärt ihr es auch.«

(Voltaire)

PLACEBO UND NOCEBO

Placebo heißt auf Lateinisch »ich werde gefallen«. Das heißt, das Scheinmedikament Placebo sagt mit seiner Bezeichnung, was es möchte: »Ich werde gut tun, helfen und heilen.« Und weil der Patient erwartet, dass das vermeintliche Medikament genau das leistet, führt es auch zur Besserung.

Der genaue Wirkungsmechanismus ist Gegenstand der aktuellen Forschung.

Nocebo heißt auf Lateinisch »ich werde schaden«. Die Erwartung von negativen Folgen macht genau dafür anfällig. Auf diesem Wirkungsmechanismus beruht die so genannte schwarze Magie, ob es sich um Voodoo-Zauber oder Verwünschungen handelt. »Sich krank reden« ist mehr als eine Redewendung – es ist chemische Wirklichkeit. Wenn wir beispielsweise negative Erfahrungen wie Schmerzen immer wieder »abspeichern«, trainieren wir damit unser Schmerzgedächtnis. Zu guter Letzt genügt eine kleine Irritation, um große Schmerzen auszulösen.

der Welt. Und Begriffe wie »Selbstheilungskräfte« oder »Spontanheilung«, mit denen ratlose Krebsforscher manche für sie rätselhafte Besserungen umschreiben, erklären sich aus dem Placebo-Effekt.

Eine Studie in den USA hat den Einfluss der Erwartungshaltung auf die Wirksamkeit von medizinischen Behandlungsmethoden untersucht. Bei 70 Prozent der beteiligten Patienten mit Bronchialasthma oder Zwölffingerdarm-Geschwüren wurden gute bis ausgezeichnete Heilungsergebnisse erzielt – mit medizinisch unwirksamen Therapien. Der Glaube an das Heilmittel und an die Kompetenz des Arztes waren das entscheidende Kriterium für den Heilungserfolg.

DIE MACHT DER POSITIVEN ERWARTUNGSHALTUNG

In einer brillanten Studie hat kürzlich ein Wissenschaftler-Team an der Universität Turin nachweisen können, dass beim Placebo-Effekt verschiedene Faktoren zusammenwirken. Bei ihren Untersuchungen mit schmerzstillenden Mitteln haben die Forscher festgestellt, wie eminent wichtig es ist, was die Probanden erwarten. Denn das verblüffende Ergebnis war: Die Erwartungshaltung kann tatsächlich

> »Ein Vergnügen erwarten
> ist auch ein Vergnügen.«
>
> (Gotthold Ephraim Lessing)

Für einen Urlaub auf der Insel brauchen Sie nicht weit zu reisen, nur in sich zu gehen.

chemische Reaktionen im Körper auslösen. Wenn einem Menschen, der die schmerzstillende Wirkung von Morphin erwartet, stattdessen eine Kochsalzlösung injiziert wird, setzt er körpereigene Endorphine frei, die ebenfalls schmerzstillend wirken. Und genauso wie die Wirkung des injizierten Morphins durch Morphin-Blocker unterbunden werden kann, lässt sich damit auch die Placebo-Wirkung der körpereigenen Endorphine unterbinden.

Neben der Erwartung spielt aber noch ein weiterer, allerdings unbewusster Mechanismus eine wesentliche Rolle für die Wirkung eines Placebos: die Konditionierung. Das bedeutet, dass der Organismus durch wiederholte, in diesem Fall positive Erfahrungen mit einem Schmerzmittel etwas lernt – und das unabhängig von einer Endorphinausschüttung. Denn dieser Anteil der Placebo-Wirkung ließ sich in der Studie durch Morphin-Blocker nicht verhindern. Der Körper ist unbewusst so programmiert worden, dass er automatisch den Mechanismus der schmerzstillenden Substanz nachahmt, wenn die Begleitumstände dieselben sind. Und das funktioniert auch, wenn der Patient es gar nicht erwartet.

WIE WIR DIE MENTALE INSEL ENTDECKEN

Viele Menschen, denen das Glück fehlt, haben aus genau diesem Grund das Gefühl, sich in einer Negativspirale zu bewegen. Hat man einmal eine Reihe schlechter Erfahrungen gemacht, dann wird es immer schwieriger, sich wieder daraus zu befreien – denn man erwartet schon nichts Gutes mehr. Der chronische Alarmzustand in Seele und Körper führt dann meistens erst zu funktionellen Beschwerden wie Kopfweh, Rückenschmerzen, Verdauungs- und Schlafstörungen und schließlich zu organischen Krankheiten wie Ekzemen, Magengeschwüren oder Darmentzündungen.

Eine häufige Reaktion ist dann auch noch, dass wir uns innerlich abschotten, damit ja nichts Schlimmes mehr an uns herankommt. Damit verhindern wir jedoch auch, dass uns etwas Positives, Schönes berührt und herausführt aus diesem mentalen Gefängnis.

Es stellt sich also die Frage: Wie können wir diesem (Nocebo-)Teufelskreis rechtzeitig entkommen? Wie können wir verhindern, dass Stress weiteren Stress produziert?

Der Spruch, man sei »reif für die Insel« meint eigentlich eine äußere Flucht. Aber diese Insel findet sich auch an Ort und Stelle, überall im

Alltag. Wir können sie uns selbst schaffen, indem wir durch gezielte Übungen eine mentale Insel entstehen lassen: die so genannte Entspannungsreaktion. Denn dabei öffnen wir uns – wir werden wieder berührbar.

BEWUSSTE MUSKELENTSPANNUNG

Suchen Sie sich einen ruhigen Platz, an dem Sie für eine Viertelstunde ungestört von Lärm und anderen Behelligungen sind. Ob Sie in einem bequemen Sessel sitzen oder flach auf einer Bodenmatte oder Wolldecke liegen, ist nicht so wichtig; wichtiger ist, dass Sie es sich bequem machen. Schließen Sie die Augen ganz entspannt und lassen Sie die Lider locker.

- Strecken Sie die Arme aus und ballen Sie zuerst beide Hände zur Faust – mit 70 bis 80 Prozent Ihrer Muskelkraft. Halten Sie die Spannung einige Sekunden lang und lassen Sie dann los. Spüren Sie ganz bewusst den Unterschied zwischen Anspannung und Entspannung. Kosten Sie die Entspannungsphase aus – sie sollte länger dauern als die Anspannungsphase.
- Strecken Sie die Beine mit durchgedrückten Knien aus, spannen Sie die Beinmuskulatur an und biegen Sie die Zehen nach oben. Halten Sie auch in den Beinen die Spannung für einige Sekunden. Gehen Sie dann in die Entspannung, lassen Sie die Zehen locker und erleben Sie wieder ganz bewusst den angenehmen Unterschied.
- Spannen Sie die Rückenmuskulatur an, indem Sie ein Hohlkreuz machen. Auch hier halten Sie die Anspannung ein paar Sekunden lang und lassen dann los. Genießen Sie das Gefühl der Entspannung in der Kreuzgegend.
- Ziehen Sie nun beide Schultern gleichzeitig hoch so weit es geht und spüren Sie die Spannung im Nacken- und Schulterbereich. Lösen Sie die Muskelanspannung und erleben Sie wieder ganz bewusst das angenehme Gefühl.
- Kneifen Sie die Augen zu und pressen Sie die Lippen fest aufeinander. Lockern Sie die Muskeln nach einigen Sekunden wieder.
- Reißen Sie Augen und Mund weit auf und strecken Sie die Zunge heraus, sodass Sie aussehen wie Einstein auf dem berühmten Foto. Lassen Sie nach einigen Sekunden die Spannung los und spüren Sie, wie sich Ihr Gesicht nun glatt und entspannt anfühlt.

Muskelentspannung heißt, die seelische Anspannung lösen – und dadurch gelöst werden.

AFFIRMATIONEN ZUR INNEREN PROGRAMMIERUNG

Wenn Sie sich in einer solchen Entspannungssituation befinden, können Sie sich besonders gut selbst programmieren, denn Sie sind nun wie ein weißes Blatt, auf das Sie Ihre Ziele schreiben können. Das ist der richtige Zeitpunkt für eine bewusste Affirmation, mit der Sie sich selbst und Ihre Vorsätze bestärken können.

Sagen Sie sich bei jedem Ausatmen innerlich einen positiven Begriff oder Satz vor, der konkret etwas benennt, das Sie erreichen möchten. Formulieren Sie ihn nicht als Wunsch oder Möglichkeit, sondern als Überzeugung.

Sagen Sie sich nicht vor: »Ich möchte Erfolg haben«, sondern formulieren Sie genau, wie dieser Erfolg aussieht – und tun Sie dies immer in der Gegenwartsform: »Ich bin selbständig und tue, was meiner Begabung entspricht.«

Sagen Sie sich vor einer Prüfung nicht »Ich will es unbedingt schaffen«, sondern »Ich schaffe es.«

Sich etwas vormachen schadet dem Glück. Sich etwas vorsagen fördert das Glück.

Oder wenn Sie unter Schlafstörungen leiden: »Ich muss nicht unbedingt schlafen. Ich ruhe mich einfach aus.« Genau das kann Ihnen dann die nötige Ruhe geben, um wirklich einzuschlafen.

Und wenn Sie oft unkontrolliert herumnaschen und deswegen Gewichtsprobleme haben, sagen Sie sich nicht: »Ich werde mich zusammenreißen!«, sondern »Ich brauche nichts. Ich bin ganz zufrieden so.«

In solchen Formulierungen wird das Ziel greifbar. Sie berühren es gedanklich, als wäre es bereits erreicht – Sie spüren, wie es sich anfühlen könnte, bereits am Ziel angelangt zu sein.

Betrachten Sie diese affirmativen Worte und Sätze als Ihre persönlichen Zaubersprüche.

DIE KUNST, RICHTIG ZU AFFIRMIEREN

- Formulieren Sie positiv.
- Formulieren Sie in der ersten Person und in der Gegenwartsform.
- Verbinden Sie die Suggestivformel mit Ihrer Vorstellungskraft und Ihrem Gefühl.
- Affirmieren Sie in einem möglichst entspannten Bewusstseinszustand.
- Nehmen Sie das angestrebte Ergebnis bereits mit allen Sinnen wahr.

DIE ENTSPANNUNGSREAKTION

Affirmationen können Sie aber nicht nur in der Entspannungssituation, sondern auch in alltäglichen Situationen wiederholen – sei es während des Autofahrens, während leichter Arbeiten, wenn Sie in einer Schlange warten müssen oder beim Jogging. Und je öfter Sie sie wiederholen, desto effektiver können Sie sich selbst instruieren und umprogrammieren. Am wirkungsvollsten funktioniert es allerdings in der Entspannungssituation. Warum?

Weil dann die so genannte Entspannungsreaktion erfolgt. Dabei wird der Grundumsatz des Stoffwechsels reduziert und der Sauerstoffverbrauch deutlicher gesenkt als im Schlaf; die Frequenz der Gehirnströme wird messbar niedriger. Nach zehn Minuten Entspannungstraining ist im Speichel ein deutlicher Anstieg von Immunglo-

»Der Zauberstab ist mir gegeben. Ich muss ihn nur zu gebrauchen wissen.«

(Leo N. Tolstoi)

bulin A nachweisbar, was eine Verbesserung der Abwehrlage anzeigt. Was hat diese Entspannungsreaktion nun mit Glück zu tun?

■ Wir lernen die große Chance der kleinen Fluchten zu nutzen. Die Entspannungsreaktion verhilft uns zu der Gewissheit, jederzeit und überall einem Gefühl der Enge und des Ausgeliefertseins entkommen – und über uns selbst bestimmen zu können.

■ Sie verleiht uns eine positive Ausstrahlung, die positive Rückmeldungen beschert – und das nicht nur im psychischen, sondern auch im physiologischen Sinn. Dieses Phänomen nennen Fachleute »Franziskus-Effekt«. Denn durch die veränderten Körperprozesse verändern sich auch die Ausdünstungen, was wahrscheinlich daran liegt, dass andere Pheromone, also körpereigene Duftstoffe abgesondert werden. Statt einer unangenehmen Angst-Aura sorgt nun ein angenehmer Geruch dafür, dass selbst scheue Tiere einen Menschen plötzlich riechen können und seine Nähe suchen. Weil die Legende vom Heiligen Franziskus berichtet, dass die Tiere sich um ihn geschart haben, wird dieser Effekt nach ihm benannt. Ein angespannter Mensch sendet die Botschaft aus: Ich will nicht berührt werden. Ein entspannter Mensch signalisiert das Gegenteil – und deswegen suchen andere seine Nähe.

■ Wenn wir täglich mehrmals diese Entspannungsreaktion auslösen, auch durch Kurzentspannung zwischendurch, können wir unsere Reizbarkeit verringern. Wir bieten Stress und Belastungen weniger Angriffsfläche und reagieren gelassener. Aus dieser Gelassenheit heraus sind wir weitaus empfänglicher für das kleine Glück: Wir nehmen einen schönen Anblick, eine liebevolle Geste, eine beglückende Bemerkung, einen köstlichen Duft wahr, die wir im Stress übersehen, überhören und »überriechen« – und vor allem »überspüren« würden.

Loslassen macht gelassen.

Und Gelassenheit macht

sympathisch.

WIEDERHOLUNGEN SIND WICHTIG

Die Entspannungsreaktion schärft unsere Sinne für das, was uns positiv berührt. Warum, fragt sich, ist es so wichtig, solche Übungen ständig zu wiederholen?

Es funktioniert wie bei einem Trampelpfad: Je öfter ein bestimmter Weg benutzt wird, desto breiter wird er und umso leichter zu finden. Je öfter wir also ein Aktivitätsmuster geistig und körperlich wiederholen, desto mehr zusätzliche Kontaktstellen (Synapsen) entstehen zwischen den beteiligten, gleichzeitig aktivierten Nervenzellen. Ihre Vernetzung wird immer dichter. Das heißt: Die in der Entspannungssituation bewusst abgerufenen positiven Empfindungen werden immer leichter ausgelöst, sie werden zur Grundstimmung. Und das ist der Boden, auf dem Glücksgefühle wachsen.

Wer entspannt ist, hat mehr Sinn für den Augenblick – und versteht das Glück der kleinen Dinge.

DAS GLÜCK DER GEMEINSCHAFT

GLÜCKLICH IST, WER FREUNDE UND *stabile Beziehungen* HAT. UND DIE LASSEN SICH SCHAFFEN. ERLEBEN SIE DIE FÜRSORGLICHE LIEBE UND DEN GLÜCKSRAUSCH DES FREIWILLIGEN HELFENS. LERNEN SIE, BEZIEHUNGEN ZU ÖLEN UND BEKANNTE ZU FREUNDEN ZU MACHEN. SO ENTSTEHT GEMEINSCHAFT — UND DAMIT VERTRAUEN, GEBORGENHEIT UND GLÜCK.

VON DER WICHTIGKEIT
STABILER BEZIEHUNGEN

MENSCHEN, DIE SICH ALS TEIL EINER GEMEINSCHAFT FÜHLEN, SIND NICHT NUR GESÜNDER, SONDERN AUCH GLÜCKLICHER. SEI ES DIE GROSSFAMILIE, DIE KIRCHE ODER DER VEREIN, SOZIALE VERNETZUNG IST UNABDINGBAR FÜRS LEBENSGLÜCK.

WAS DAS GLÜCK UNS WERT SEIN MUSS

Glück, hat Marion Gräfin Dönhoff einmal im FAZ-Fragebogen gesagt, bestehe für sie in »lang andauernden Beziehungen«. Doch die werden keinem geschenkt. Wir müssen sie uns etwas kosten lassen – nicht Geld, sondern Zeit und viel Aufmerksamkeit. Wir müssen uns klar machen, wie wir diese Beziehungen systematisch stiften und erhalten können. Und dazu sind ein paar grundlegende Erkenntnisse notwendig:

1. Liebe gehört zum Glück. Das unterschreibt wohl jeder. Machen Sie sich bewusst, dass damit nicht nur die erotische Liebe gemeint ist oder die einer Mutter bzw. eines Vaters zum Kind. Es gibt Liebe, für die es keinen festen Partner braucht: **die fürsorgliche Liebe** – und die können Sie sich verschaffen. Zum Beispiel durch echte Anteilnahme, indem Sie sich berühren lassen von dem, was andere berührt.

2. Beklagen Sie nicht, dass Sie zwar Bekannte, aber kaum echte Freunde haben; **aus Bekannten Freunde machen** ist etwas, das sich lernen lässt.

3. Nehmen Sie Abschied von der Idee, für familiäre Feste und die familiäre Vertrautheit brauche es unbedingt Verwandte. Die selbst gebaute **Familie aus Freunden** ist oft inniger und haltbarer als die, in die wir hineingeboren wurden. Und die Scheu, Feste zu geben, lässt sich leicht überwinden.

4. Begreifen Sie, dass Liebe und Freundschaft genau wie ein Motor nur funktionieren, wenn sie achtsam behandelt und immer wieder gewartet werden. Zuneigung zu gewinnen ist das eine, sie zu erhalten das andere. **Beziehungen zu ölen** können wir üben.

5. Werden Sie sich darüber klar, dass Verantwortung zu jeder Art von Liebe gehört. Liebe zeigt sich darin, dass wir für das, was wir lieben,

»Ein wahrer Freund trägt mehr zu unserem Glück bei, als tausend Feinde zu unserem Unglück.«

(Marie von Ebner-Eschenbach)

bereitwillig **Verantwortung übernehmen.** Aber auch wenn nicht die Liebe das Motiv ist, macht es glücklich, uns verantwortlich zu zeigen. Daraus und aus der Bereitschaft zu helfen, erwächst automatisch ein tief beglückendes Gefühl der Zufriedenheit.

Um das Prinzip Glück nicht nur theoretisch zu verstehen, folgen zu diesen fünf Richtungsangaben im Lauf dieses Kapitels praktische Wegbeschreibungen. Doch zuerst lesen Sie, wie in mehreren Studien bewiesen wurde, dass der soziale Zusammenhalt eine ganz entscheidende Rolle spielt, wenn es ums allgemeine Wohlbefinden – und ums Glücklichsein geht.

WIE NÄHE GESUND UND GLÜCKLICH MACHT

Menschliche Nähe beglückt. Darauf zu verzichten bringt erwiesenermaßen nicht nur einen Verlust an Lebensglück, sondern auch an Gesundheit. Besonders genau wissen das die Menschen, die in Roseto, Pennsylvania, leben.

Ursprünglich waren die Einwohner der italoamerikanischen Stadt den Forschern aufgefallen, weil sie sensationell gesund waren – eklatant gesünder als die Bewohner der benachbarten Städte Bangor und Nazareth, obwohl dort die Risikofaktoren nicht höher und die medizinische Versorgung vergleichbar waren. Warum, fragten sich also die Wissenschaftler, starben in Roseto deutlich weniger Menschen an Herzinfarkt? Die Besonderheit dieser Stadt: Alle Einwohner waren gleichzeitig aus Italien in die USA eingewandert und hatten das heimatliche Modell der Großfamilie, bei der drei Generationen unter einem Dach leben, genauso fortgesetzt wie die intensive Pflege der weiteren familiären Bindungen und die enge soziale Vernetzung. Tradition und Religion nahmen bei den Leuten von Roseto einen eminent hohen Stellenwert ein.

Über 50 Jahre hinweg beobachtete man die Bewohner – und machte eine traurige Feststellung: Nach wenigen Jahrzehnten nahm das Herzinfarktrisiko auch in Roseto zu und pendelte sich schließlich auf dem Niveau der Nachbarstädte ein. Gleichzeitig mit dieser Verschlechterung hatte sich in Roseto vieles dramatisch verändert. Die Großfamilien hatten sich zersplittert, das soziale Engagement und Interesse drastisch abgenommen, der Zusammenhalt in der Gemeinschaft zählte nicht mehr viel. Tradition und Religion hatten an Bedeutung

»Der Mensch ist von Natur ein Gemeinschaft bildendes Wesen.«

(Aristoteles)

Das Rezept für Gesundheit enthält eine Grundzutat: den Sinn für die Gemeinschaft.

verloren, weshalb auch weniger gemeinsame Feste gefeiert und Zeremonien begangen wurden. In der 1992 publizierten Studie wurde also der logische Schluss gezogen: Ein starkes Zusammengehörigkeits- und Gemeinschaftsgefühl stabilisiert die Gesundheit. Umgekehrt erhöht dessen Vernachlässigung drastisch das Risiko, zu erkranken.

DIE KRETA-DIÄT: SEHR VIEL MEHR ALS ROTWEIN UND OLIVENÖL

So wie die Menschen von Roseto vor Jahrzehnten den Forschern durch ihre überdurchschnittliche Gesundheit aufgefallen waren, rückten in den letzten Jahren die Kreter ins Visier der Epidemiologen. Auf Kreta, das wurde in allen Medien fasziniert und auch irritiert berichtet, sei das Risiko für Herzinfarkt und andere Herzer-krankungen das niedrigste in ganz Europa. Auf der Suche nach den Ursachen dafür stießen die Forscher auf das kretische Olivenöl und damit auf die spezifische Ernährung, bei der auch Knoblauch und Rotwein eine zentrale Rolle spielen.

Unter dem Schlagwort »Mittelmeer-« oder »Kreta-Diät« wurde dieses Phänomen berühmt und führte dazu, dass der Rotweinkonsum, der in Nord- und Mitteleuropa lange Zeit weit hinter dem Weißweinkon-sum zurückgelegen hatte, rapide zunahm. Natürlich wurden zuerst einmal physiologische Erklärungen abgegeben: Olivenöl senkt bekanntlich die Blutfettwerte; die Flavonoide und Tannine im Rotwein setzen die Gefahr der Arteriosklerose deutlich herab. Doch eines wurde in den Medien leider nicht diskutiert: dass auf Kreta wie dereinst in Roseto die sozialen Lebensumstände anders sind als in den meisten übrigen Regionen Europas. Der Lebensrhythmus ist langsamer, die sozialen und familiären Bindungen sind eng, werden gepflegt und erhalten – was auch damit zu tun hat, dass die Kreter per Gesetz schon seit Jahrzehnten den Erwerb von Grundeigentum nur denjenigen erlauben, die mindestens ein kretisches Elternteil nachweisen können.

Zugehörigkeitsgefühl ist keine romantische Ange-legenheit, sondern eine lebensverlängernde.

GEMEINSCHAFTEN: WAHRE GESUNDMACHER

Der Mediziner Thomas Oxman von der Universität Texas und seine Kollegen stellten in ihrer Studie fest, dass die Zugehörigkeit zu Ver-einen einen gesundheitsstabilisierenden Faktor darstellt. Sechs Monate lang wurden Männer und Frauen untersucht, die sich einer Herzoperation unterzogen hatten.

Von denjenigen, die angaben, regelmäßig an organisierten Gruppen-treffen teilzunehmen – zum Beispiel in einem Verein, in der Kirche, Synagoge, Moschee oder in einer anderen sozialen Gemeinschaft –, überlebten viermal so viele den sechsmonatigen Zeitraum der Studie wie die Einzelgänger, die nicht zu solchen regelmäßigen Zusam-menkünften gingen.

Das Verblüffende bei all diesen Untersuchungen: Der positive Effekt der sozialen Einbindung ist stärker als der negative von ungesunden Gewohnheiten wie Rauchen, schlechte Ernährung, ein hoher Alko-holkonsum oder Bewegungsmangel.

FÜRSORGLICHE LIEBE
IST LERNBAR

ERST NEHMEN, DANN GEBEN: DAS IST FÜR VIELE MENSCHEN DAS
PRINZIP, NACH DEM SIE LIEBEN. SIE SEHEN LIEBESGLÜCK VOR
ALLEM DARIN, SELBST GELIEBT UND BEGEHRT ZU WERDEN. UND
DAS MACHT ABHÄNGIG VON EINEM PARTNER. DOCH ES GIBT EIN
LIEBESGLÜCK, DAS DAVON UNABHÄNGIG IST: LIEBE ZU SCHEN-
KEN – OHNE MIT EINEM GEGENGESCHENK ZU RECHNEN.

WARUM ES GLÜCK IST, EINFACH ZU LIEBEN

»Glück ist, wenn ich geliebt und verstanden werde.« Dem kann wohl
jeder zustimmen. Wichtiger ist es jedoch, zu erleben, wie dieser Satz
in der Umkehrung funktioniert: »Glück ist, wenn ich selbst liebe und
andere Menschen verstehe.«

Wie auch die Berührung, ist Liebe niemals einseitig. Wer berührt werden will, muss einfach nur berühren. Wer geliebt werden will, muss
andere einfach lieben. Die Gegenseitigkeit ist das Geheimnis der
beglückenden und verbindenden Wirkung.

Es geht bei der fürsorglichen Liebe um das Erlebnis der Zusammen-
und Zugehörigkeit, um das Brauchen und Gebrauchtwerden. Sich
zusammen- oder zugehörig fühlen heißt, daran Anteil zu nehmen,
was andere bewegt, betrübt, beglückt. Gelegenheiten dazu gibt es
viele, gerade in den zahlreichen kurzen Begegnungen und Dialogen,
die zum Alltag gehören. Aber aus Erfahrung wissen wir: So unerläss-
lich Smalltalk für den sozialen Umgang auch sein mag, Beziehungen
werden dadurch so gut wie nie aufgebaut.

Warum ist das so? Weil die Beteiligten in der Regel zu wenig zuhören
und es jedem mehr darum geht, sich selbst darzustellen. Die Basis
von Gemeinschaft aber ist das Interesse am anderen.

GEHÖR FINDEN

Viele Menschen, Männer wie Frauen, verlieben sich in ihre Psycho-
therapeuten. Nicht etwa, weil das wirklich ideale Partner für sie
wären, sondern weil sie dort etwas finden, was sie sonst vergeblich
suchen: Sie finden Gehör.

»Reden können ist
nicht so viel wert wie
zuhören können.«

(Chinesisches Sprichwort)

*Fürsorglich zu sein be-
deutet durchs Geben
beschenkt zu werden.*

»Einen Freund kann man nur
haben, wenn man einer ist.«

(Ralph Waldo Emerson)

Wir selbst schenken das aber selten freiwillig und hören oft nur zu, wenn wir dazu verdonnert werden. »Hör mir endlich zu«, schimpfen Eltern ihre Kinder. »Du hast wieder nicht richtig zugehört«, tadeln Lehrer die Schüler. »Ich will, dass du mir endlich einmal zuhörst«, beschwert sich ein Partner beim anderen.

Eigentlich ist es erstaunlich, dass wir nicht bereitwillig zuhören, wo wir doch ständig die Erfahrung machen, dass die, die geduldig zuhören, uns allein dadurch sympathisch werden – und wo wir von Geburt an darauf angewiesen sind, dass uns jemand hört.

Wenn Babys schreien, steigt ihr Blutdruck. Das wird erklärt mit der Angst des Kindes, nicht gehört zu werden. Würde es tatsächlich überhört, dann wäre das lebensbedrohlich für den Säugling.

ZUHÖREN BESCHERT VERBUNDENHEIT

Bei Erwachsenen steigt der Blutdruck nicht erst beim Schreien an, sondern bereits beim Reden: wegen der erhöhten Wachsamkeit und der Angst, falsch verstanden zu werden, nicht anzukommen oder ausgelacht zu werden. Im Dialog steigt jedoch nur bei demjenigen, der etwas erzählt, der Blutdruck; bei dem, der zuhört, passiert spannenderweise das Gegenteil: Der Blutdruck sinkt. Warum? Ihn erfüllt ein ganz anderes Gefühl als den Redner; nicht Angst und Leistungsdruck, sondern ein Gefühl der Verbundenheit.

Der Blutdruck sinkt aber nur dann, wenn sich der Zuhörende ganz und gar dem hingibt, was der andere sagt, wenn er sich berühren lässt von dem Anliegen, den Sorgen, Erlebnissen oder auch Sehnsüchten seines Gegenübers. Überlegt er während des Zuhörens bereits, wie er antworten kann, ändert sich sein Blutdruck nicht – das Gefühl der Verbundenheit ist zu gering.

Leider ist diese Art des Zuhörens aber die übliche. In Fernseh-Talkshows, in Diskussionsrunden, in Konferenzen, aber auch am privaten Esstisch scheint für viele das Zuhören eine Art erzwungener Pause bei der Selbstdarstellung zu sein, die sie nur ungern einhalten. Sie wirken ungeduldig, während andere reden, und versuchen, eine Lücke im Redefluss des anderen zu nutzen, um ihm ins Wort zu fallen und endlich selbst wieder dran zu sein. Dabei entgeht ihnen jedoch genau das, was aus dem Zuhören ein Glückserlebnis macht: das Gefühl, etwas zu teilen und dem anderen etwas zu geben, indem man rezeptiv ist, indem man etwas von ihm in sich aufnimmt. Je intimer das ist, was uns erzählt wird, desto mehr Vertrauen wird uns damit schließlich geschenkt – schon das ist eine beglückende Erfahrung, die sich jeder verschaffen kann.

Freundschaft zeigt sich darin, dass man dem anderen so aufmerksam zuhört, wie man es sich selbst wünscht.

INTERESSE SCHAFFT FREUNDE

Es geht beim richtigen Zuhören darum, echtes Interesse zu bekunden. Das muss nicht unbedingt durch dauerndes Nachfragen geschehen, es gibt auch nonverbale Möglichkeiten, dem anderen zu zeigen, dass er in diesem Moment das Wichtigste ist – den direkten Blickkontakt, den aufmerksamen Gesichtsausdruck, die offene, zugewandte Körperhaltung, die spontane Reaktion auf das Gesagte – sei es nur mit einer winzigen Geste oder Kopfbewegung. Und spürt der andere das echte Interesse, erwächst aus einer Bekanntschaft dann oft eine Freundschaft.

AUS BEKANNTEN
WERDEN FREUNDE

WAS DER UNTERSCHIED ZWISCHEN BEKANNTEN UND FREUNDEN IST, WEISS JEDER. ABER DIE MEISTEN WISSEN NICHT, WIE SIE AUS BEKANNTEN FREUNDE MACHEN KÖNNEN. SIE WARTEN DARAUF, DASS ANDERE SICH WEITER ANNÄHERN, ANSTATT SELBST AUF SIE ZUZUGEHEN. SICH DAZU AUFZURAFFEN IST ABER GAR NICHT SO SCHWER.

WESHALB WIR DEN ANFANG MACHEN SOLLTEN

»Ich kenne wahnsinnig viele Leute«, sagen manche. Und das sind oft Menschen, die kaum oder gar keine Freunde haben. Denn mit »kennen« meinen sie, den Namen und den Beruf, die Haarfarbe und die Art sich anzuziehen, vielleicht noch die Adresse zu kennen – also die äußere Hülle, nicht aber das Innenleben.

Um das kennen lernen zu dürfen, müssen wir es zuerst einmal kennen lernen wollen. Und da liegt für viele das Problem. Es äußert sich oft in trotzigen Fragen. »Ja warum soll ich denn immer den Anfang machen?« Oder: »Warum soll ich denn jemanden auf einen Kaffee oder zum Essen einladen? Warum soll ich denn jemanden beschenken? Ich weiß doch gar nicht, ob da irgendetwas zurückkommt.«

ABSCHIED VOM INVESTMENTDENKEN

Das anerzogene Investmentdenken lässt uns mit freundlichen Zeichen geizen – und dabei vergessen, dass in der Vokabel »freundlich« ja der Freund enthalten ist. Wenn jemand eine freundliche Ausstrahlung hat, wenn er offen, heiter, vergnügt und ausgeglichen wirkt, sagen wir: »Kein Wunder, der ist ja so beliebt. Der hat ja nur Freunde um sich.«

Aber die Wahrheit liegt natürlich in der Umkehrung dieses Gedankens: Nicht die Freunde machen freundlich. Die Freundlichkeit verschafft Freunde.

»Freundlichkeiten verschenken« ist eine deutsche Redewendung. Und die sollten wir wörtlich nehmen: verschenken – nicht tauschen oder verkaufen ist gefragt. Denn wer nur aus Berechnung freundlich ist,

Freunde gewinnen ist ein irreführender Ausdruck. Es gibt sie nicht per Los, nur durch Engagement.

der will eben keine tieferen menschlichen Berührungen und Beziehungen, sondern nur Kontakte – »gute Drähte«, wie es so verräterisch heißt – und wird auch nichts anderes bekommen.

Eiskalt und berechnend nennen wir jemanden, der bis ins Herz Stratege ist. Wie soll durch solche kühl kalkulierten »Freundlichkeiten« denn menschliche Wärme entstehen?

WARUM FREUNDLICHSEIN KEINEN ANLASS BRAUCHT

Wesentlich ist, dass wir zuerst einmal die wunderbare Grunderfahrung machen: Es bringt etwas, ohne Anlass und unerwartet als erster Freundlichkeiten zu verschenken. Kleine Freundlichkeiten bescheren oft überraschend große Dankbarkeit. Doch warum denken wir nicht öfter an kleine Aufmerksamkeiten, machen Komplimente oder Geschenke? Dahinter kann die Hemmung stecken, Zuneigung zu

»Eine Gegenleistung zu verlangen ... das heißt: nicht schenken, sondern verkaufen.«

(Sully Prudhomme)

bekennen, die womöglich nicht erwidert wird. Doch die überwinden wir, indem wir uns sagen: »Ja, und wenn schon?« Als Fan schenke ich dem von mir bewunderten Star ja auch Blumen, ohne eine Gegengabe zu erwarten, oder schreibe einen begeisterten Brief, ohne mit einer Antwort zu rechnen. Je leichter wir etwas vergeben, desto leichter und unverkrampfter wirkt es auch.

Es gibt allerdings Menschen, die von jeder Art des Schenkens und der Annäherung die Angst abhält, zurückgewiesen zu werden. Die wurzelt dann aber so tief, dass sie aus eigener Kraft nicht überwunden werden kann. Eine Psychotherapie hilft hier, den Schlüssel zu finden, um sich zu öffnen.

DEN ERSTEN SCHRITT TUN

Ansonsten helfen auch schon folgende Tipps weiter:

- Warten Sie nicht darauf, dass der andere den ersten Schritt tut, sonst warten Sie vielleicht beide ein Leben lang. Wenn eine zufällige Begegnung bei Ihnen das Gefühl hinterlassen hat, »daraus könnte etwas werden«, dann zögern Sie nicht, sich noch einmal zu melden, anzurufen, einen Karte, ein Fax oder eine E-Mail zu schicken.
- Ist Ihnen jemand auf Anhieb sympathisch, überraschen Sie ihn ohne äußeren Anlass mit einem kleinen Geschenk. Formulieren Sie die Begründung dafür so, dass sie ausdrückt, was Ihnen an diesem Menschen gefällt. »Weil ich nach unserem Gespräch so fröhlich war« oder »Weil Sie so zauberhaft erzählen können«.
- Bieten Sie, wo immer Sie können, Rat und Hilfe an. Ob jemand eine Wohnung sucht, einen neuen Job oder nur einen guten Hautarzt. Setzen Sie Ihre Kontakte effizient für andere ein.
- Laden Sie jemanden, den Sie als Freund gewinnen wollen, zu sich nach Hause ein – egal wie Sie wohnen und egal, wie gut Sie als Hobbykoch sind. Bitten Sie ihn dazu, wenn Sie das nächste Mal Gäste haben. Die Hemmungen davor sind ganz leicht loszuwerden – wie im nächsten Kapitel ab Seite 70 gezeigt wird.

WIE WIR BEKANNTSCHAFTEN VERTIEFEN

Freundschaft ist vertiefte Bekanntschaft. Doch um dahin zu kommen, müssen wir uns erst einmal in die Tiefe vorwagen. Das heißt: den Mut haben, die tiefen Fragen des Lebens anzurühren, nicht nur ober-

Eine Einladung nach Hause ist kein Verpflegungsangebot. Es ist ein Vertrauensangebot.

flächlich Interessantes. Pikante Neuigkeiten, spannende Nachrichten bleiben immer an der Oberfläche. Sie befriedigen nur unsere Neugierde, unsere Gier nach Neuem. Aber sie enthüllen nichts Verborgenes – und bringen uns dem anderen nicht näher.

In die Tiefe gehen heißt, einem anderen Menschen auch von Verborgenem erzählen: von heimlichen Ängsten und unerfüllten Wünschen. Es heißt tief schürfen im wahren Wortsinn. Das bedeutet nicht, dass Freundschaft darauf beruht, sofort sein Innerstes nach außen zu kehren. Es meint nur, dass wir die Unverbindlichkeit aufgeben müssen, um uns tiefer zu verbinden. Das fängt damit an, dass wir unsere Wertesysteme und unsere Bewertungsmaßstäbe vergleichen.

MITGEFÜHL: DIE BASIS DER FREUNDSCHAFT

Der Unterschied zwischen Bekanntschaft und Freundschaft liegt im gegenseitigen Engagement füreinander. Das Grundprinzip heißt: »Was dich trifft, betrifft auch mich.«

Dazu gehört auch, spontan sein Mitgefühl zu äußern. Es ist wie im Parzival, dem berühmten mittelalterlichen Roman des Wolfram von Eschenbach, den durch Wagners Vertonung *(Parsifal)* die ganze Welt kennt: Parzival, der Held, ist auf der Suche nach dem Gral – Symbol der Verheißung und Erfüllung. Angelangt auf der Gralsburg denkt er beim Anblick des leidenden Gralskönigs Amfortas an alles, nur an eines nicht: zu fragen, wie es Amfortas geht. Deshalb, heißt es in die-

»Ein Mann interessiert sich eher für eine Frau, die sich für ihn interessiert, als für eine Frau mit schönen Beinen.«

(Marlene Dietrich)

WELCHES WERTESYSTEM HAT DER ANDERE?

- Es wird über eine neue Bestechungsaffäre geredet. Finden Sie heraus, wie der andere dazu steht. Hält er das Ganze für unwesentlich – »So sind Politiker halt« – oder für skandalös?
- Das Gespräch kommt auf Gegenwartskunst. Begeistert sich der andere dafür, während Sie damit nichts anfangen können – und wollen?
- Wenn in den USA jemand hingerichtet werden soll, bringen Sie es zur Sprache: Wie denkt der andere über die Todesstrafe?
- Sie reden über Ihre Zukunft. Was hat der andere für Ziele? Welche Träume will er verwirklichen?
- Liebe – was versteht der andere darunter?

»Aus Mitleid wird

die Liebe oft geboren.«

(Detlev von Liliencron)

ser Geschichte, muss Parzival weiterziehen. Erst nach langen und harten Bewährungsproben kommt er zum zweiten Mal auf die Gralsburg. Und diesmal stellt er endlich die erlösende Frage. Sie befreit Amfortas von seinen Schmerzen, er wird geheilt – und Parzival neuer Gralskönig.

Nur durch das Mitleiden können wir den Leidenden erlösen; aber wir scheuen uns oft, die Parzivals-Frage zu stellen – aus Angst vor Peinlichkeit, vor ernsten Themen wie Krankheit und Tod oder weil wir befürchten, unbeholfen zu wirken. Solche Ängste aber kennt Freundschaft nicht. Sie zu überwinden steht am Anfang der wunderbaren Verwandlung eines Bekannten in einen Freund. Diese Verwandlung ist kein Märchen, sondern nur eine Frage der inneren Haltung. Dass ein echt empfundenes Interesse zur Selbstverständlichkeit wird, lässt sich ganz leicht lernen. Dazu ein paar Anregungen:

■ Zeigen Sie auch bei einem noch so oberflächlichen Event Interesse an Ihrem Gesprächspartner. Spielen Sie nicht das Smalltalk-Ping-pong, wo auf eine Frage eine Antwort kommt und dann die Revanche erfolgt. Setzen Sie nach, vertiefen Sie die Frage. Und schielen Sie niemals unruhig über die Schulter Ihres Gegenübers, um festzustellen, welche anderen wichtigen Begegnungen Ihnen gerade durch die Lappen gehen.

- Wenn jemand von seinen Kindern, seinem Hund oder seiner Katze erzählt, erkundigen Sie sich nach Name und Alter. Und merken Sie sich beides.

- Stellen Sie auch am Telefon die Frage »Wie geht es Ihnen?« oder »Wie läuft's bei dir?« immer mit wirklichem Interesse. Sie sollte keinesfalls wie eine Höflichkeitsfloskel klingen. Reden Sie also danach nicht gleich weiter; haben Sie den Mut, eine Lücke entstehen zu lassen, um dem anderen die Gelegenheit zu geben, etwas zu entgegnen. Und wenn das »Ach, ganz gut« so klingt, als habe der andere nur Hemmungen, mit einer ehrlichen Antwort zu viel Zeit zu stehlen, sagen Sie: »Das klingt aber nicht so recht überzeugend.«

- Merken Sie sich, was die Vorlieben und was die Abneigungen des Bekannten sind. Welche Blumen, welche Musik, welches Essen, welche Bücher oder Filme der andere mag und welche nicht. Denn wer mit einem Geschenk oder einer Einladung bereits am Anfang Einfühlsamkeit beweist, dem öffnet sich jeder bereitwilliger.

- Reden Sie nicht schlecht über andere Leute, erst recht nicht, wenn es gemeinsame Bekannte sind. Und erzählen Sie keine Vertraulichkeiten weiter unter dem Siegel der Verschwiegenheit. Denn sonst kann sich der andere ausrechnen, dass Sie mit ihm und seinen Geheimnissen ähnlich verfahren. Und das versperrt den Weg zur Freundschaft.

- Verabreden Sie sich mit einem Menschen, der Sie interessiert, in einem ruhigen Café oder zu einem Spaziergang. Und trauen Sie sich, dort auch über Themen zu sprechen, die nicht auf eine lustige Party passen. Erkunden Sie, woran der andere glaubt, was seine Religion im weitesten Sinn ist. Finden Sie heraus, was er hinter sich hat – und wohin er in seinem Leben kommen will. Fragen Sie nach seinen Vorlieben, und wenn es heißt »Bach-Präludien« oder »Drachenfliegen«, sagen Sie nicht »Oh Gott!«, sondern fragen Sie: »Warum?«

»Es ist wichtiger, Fragen stellen zu können, als auf alles eine Antwort zu haben.«

(James Thurber)

FREUNDE WERDEN
ZUR FAMILIE

AUCH WENN DAS KLASSISCHE FAMILIENLEBEN IN FORM DER GROSSFAMILIE HEUTE VOM AUSSTERBEN BEDROHT IST: EINEN FAMILIÄREN KREIS WÜNSCHT SICH FAST JEDER. DAS KANN EINE WAHLFAMILIE SEIN, DIE JEDOCH GEPFLEGT WERDEN WILL. LASSEN SIE FREUNDE EIN IN IHR PRIVATLEBEN, IN IHRE PRIVATE WOHNUNG.

WIE SIE FAMILIÄRE SITUATIONEN SCHAFFEN

Im Urlaub finden wir das ganz wunderbar: dass die Griechen und Italiener, die Spanier und Franzosen in den ländlichen Regionen so sinnlich und unkompliziert Feste feiern – am großen Tisch, mit der Familie, mit Freunden, im Garten, auf der Terrasse oder in irgendeiner Wohnküche. Aber wieder daheim setzen wir diese Erfahrung meistens nicht um.

Die Kultur des Gastgebens liegt im Argen, die Gesellschaft spaltet sich nahezu in solche, die zu sich nach Hause einladen, und solche, die achselzuckend erklären: »Ich kann so etwas halt nicht.« Oder: »Muss ich denn unbedingt nach Hause einladen? Kann ich meine Wahlfamilie nicht auch in der Stammkneipe aufbauen oder an der Bar im Fitnessclub?« Eben nicht. Eltern und Kinder, die sich nur an neutralen Plätzen treffen, sind keine Familie.

Wo und wie ich wohne, sagt doch etwas über mich aus – und das soll es auch. Wenn ich befürchte, jemand könne mich weniger schätzen, weil meine Wohnung klein ist, die Regale aus der Studentenzeit stammen und meine Begabung als Hobbykoch sich auf ein paar Rezepte beschränkt, dann bringe ich demjenigen zu wenig Vertrauen entgegen. Familie ist dort, wo keiner sich vor dem anderen geniert – und wo ich nicht nur den Mut, sondern die Lust habe, einzuladen.

Natürlich kosten Feste Zeit und Geld. Aber die Roseto-Studie oder das Beispiel Kreta belegen: Feste schenken nicht nur das subjektive Gefühl von Lebensglück, sie schenken objektiv eine bessere Gesundheit. Und es ist ganz einfach, die Hemmung vor dem Festegeben abzubauen, wenn man ein paar Spielregeln beherzigt.

Eine Familie muss nicht aus Blutsverwandten bestehen, sondern aus Geistesverwandten.

WIE SIE ENTSPANNT FESTE FEIERN

Eine familiäre Situation herzustellen heißt, auf die wesentlichen Merkmale einer solchen zu achten: Sie soll ganz selbstverständlich das Gefühl von Nähe vermitteln; sie soll vertraut, entspannt und gelöst sein. Angst hat hier in keiner Form etwas zu suchen. Kein Gast darf Angst haben, sich zu blamieren, lächerlich zu machen, ein Glas zu zerdeppern. Und kein Gastgeber sollte Angst haben, den Ansprüchen nicht zu genügen. Entspanntheit und gute Stimmung kommen dann auf, wenn das Ganze stimmig ist, also der Aufwand nicht verkrampft wirkt, sondern ganz selbstverständlich. Gesang ist dann gut, sagen die Experten, wenn er wie »potenziertes Sprechen« wirkt. Ein Fest ist dann gelungen, wenn es wie ein gesteigerter Alltag wirkt – und nicht wie eine Verstellung.

NÄHE HERSTELLEN

Wichtig ist es zunächst einmal, Nähe herzustellen. Damit ist die räumliche und die seelische Ebene gleichermaßen gemeint.

Nah beieinander zu sitzen, schafft auch mentale Nähe: Die anregendsten Gespräche finden meistens nach dem Essen am Tisch statt, auf dem noch Krümel und Weinflecken vom Gelage zeugen und wo alle schon miteinander warm geworden sind. Deshalb:

- Verabschieden Sie sich von einer deutschen Unsitte, die selbst die beste Stimmung gnadenlos abkühlen lässt. Sie besteht in dem Vorschlag: »Ziehen wir doch nach drüben um!« – das heißt in die Sitzgruppe. Schon der Umzug zerreißt die gesponnenen Fäden. Und breite Lehnen, vor allem an Polstersesseln, stehen der Kommunikation im Wege. Da wird die Sitzgelegenheit zur Isolationshaft.
- Geben Sie Ihren Gästen Gelegenheit, sich näher zu kommen. Kennen sie sich teilweise bereits, dann wird das Interesse der Gäste aneinander die Tischordnung ganz von allein bestimmen. Wenn Sie eine Sitzordnung haben und die irgendwann am Abend gesprengt wird, macht das Sinn – die Richtigen finden zueinander.
- Machen Sie aus Ihrer Wohnsituation – und sei sie noch so beengt – ein Ereignis. Wenn sich jeder daran erinnert, dass sich bei Ihnen zwanzig interessante Menschen sechs Stunden lang im Einzimmer-Appartement amüsiert haben, dann haben Sie den Bogen raus.

Wenn Gäste sich näher kommen sollen, muss man sie aneinander heranlassen.

71

ENTSPANNEN SIE SICH – DANN TUN ES AUCH DIE GÄSTE

Mit dem Gastgeben ist es wie mit der Liebe: Beim ersten Mal ist jeder aufgeregt.

Entspannt sind Feste oder kleine Einladungen zu Hause, wenn die Gäste das Gefühl haben, dass die Gastgeber selbst entspannt sind. Das heißt zuerst einmal, Ihren eigenen Anspruch an das perfekte Abendessen oder die optimal organisierte Party aufzugeben. Legen Sie die Latte nicht so hoch!

Ist es dann so weit, gilt es, den Anfangsstress zu vermeiden. Wenn alle ziemlich gleichzeitig aufkreuzen, Blumen abgeben oder Geschenke, wenn Mäntel aufgehängt werden müssen, Schirme entsorgt und gleichzeitig das Gespräch in Gang kommen soll zwischen Leuten, die sich vielleicht noch nicht kennen, kommen Sie als Gastgeber ins

NÄHE FÖRDERN

- Prägen Sie sich ein oder schreiben Sie auf, welche Ihrer Gäste sich besonders gut miteinander verstanden haben.
- Wissen Sie von gemeinsamen Interessen verschiedener Gäste, bringen Sie die beiden zusammen: »Ihr teilt eine Leidenschaft.« Das kann die für Cool Jazz oder Gordon Setter, für die sardische Küche oder Gluck-Opern sein.
- Wollen Ihre Gäste untereinander Adressen und Telefonnummern austauschen, stellen Sie sich nicht schwerhörig – sondern halten Sie immer Stift und Papier bereit.

Schwitzen. Da ist es hilfreich, vorher ein paar Vasen mit Wasser gefüllt, bereits eine angenehme Musik aufgelegt und einen Drink samt Gläsern bereitgestellt zu haben.

Der Gastgeber sollte weder sich noch den anderen etwas beweisen wollen. Zu viel Ehrgeiz ist nämlich gästefeindlich und sabotiert jede Entspannung. Es gibt Leute, die einen Kochkurs absolvieren, womöglich noch bei einem Spitzenkoch, um sofort hinterher Gäste einzuladen und ihnen ein Gala-Menü aufzudrängen. Das hat weniger mit Gastgeben als mit Angeben zu tun und garantiert nur eines: dass die Hobbyköche mit hochrotem Kopf und beschleunigtem Puls der ersten Panne entgegenarbeiten. Und weil sie die in ihrem Ehrgeiz als Katastrophe erleben, kommt auch in der Gästerunde leicht Katastrophenstimmung auf, die einem Fest so förderlich ist wie echter Feueralarm.

VERTRAUTHEIT KOMMT MIT DER ZEIT

Vertraut wird die Stimmung, wenn die Gäste einander schon von früheren Einladungen her kennen, wenn sie sich bereits beschnuppert haben, ihre Gemeinsamkeiten kennen und sich mögen. Sie wissen dann, wie viel Humor der andere verträgt, und riskieren auch mal eine freche Bemerkung oder Frotzelei. Dann entsteht diese spielerische, unangestrengte Heiterkeit, wie sie in wirklich glücklichen Familien existiert. Eine Familie aus Freunden kennt keine Berührungsängste, aber viele Verwandtschaften – geistige und emotionale. Und sie kennt die Intimität, die aus gemeinsamen vergangenen Erlebnissen erwächst.

Eine Runde wird nur locker, wenn es auch der Gastgeber ist.

BEZIEHUNGEN MÜSSEN WIR ÖLEN

DAS REINE ÖL DER KLEINEN GESTEN MACHT EINEN BEDEUTEN-
DEN UNTERSCHIED FÜR DIE QUALITÄT UNSERER BEZIEHUNGEN.
LEIDER VERWENDEN WIR ES VIEL ZU SELTEN, AUS FALSCHER
SCHEU ODER EINFACH AUS TRÄGHEIT. DOCH DAS ZAUBERÖL
KANN SEHR LEICHT SEHR VIEL BEWIRKEN – UND UNSER ALL-
TAGSGLÜCK ERHEBLICH STEIGERN.

WIE KLEINE GESTEN GROßE WIRKUNG HABEN

Wir reden gern vom Sand, der ins soziale Getriebe geraten kann. Aber
vom Öl, das zwischenmenschliche Beziehungen schmiert, sprechen
wir nicht – höchstens abfällig vom Schmieren im Sinn der Korrup-
tion. Dabei genügt vom reinen Öl schon ein Tropfen, wenn er zum
richtigen Zeitpunkt kommt. Aber leider kommt er selten, zu spät oder
gar nicht. Fragt sich nur, warum. Es muss ja nichts kosten, außer ein
bisschen Überwindung und den Gebühren für einen Telefonanruf,
dem Porto für eine Postkarte oder ein paar Mark für ein kleines Prä-
sent. Es muss gar nicht der große Blumenstrauß sein oder die Flasche
Schampus.

KEINE FALSCHE SCHEU!

Was uns daran hindert, an diesen Tropfen Öl zu denken, ist Trägheit,
falsche Scheu, oft auch ein falsch verstandenes *Think big*. Aber es geht
nicht um die Größe, es geht um die Wirkung. Gerade die kleinen,
unerwarteten Zeichen von Sympathie oder Mitgefühl, von Begeiste-
rung oder Dankbarkeit, Bewunderung oder Verständnis sind es meist,
die jeden von uns berühren.

Früher war es Teil der anerzogenen guten Manieren und des guten
Tons, das kleine Billett, die Dankeskarte, den Kondolenz- oder Gratu-
lationsbrief zu schreiben. Es war das, was sich »Gebot der Höflich-
keit« nannte. Zugegeben: Das klingt spießig und so, als geschehe es
unfreiwillig – aus Konvention, nicht aus innerer Überzeugung. Wer
als Kind von den Eltern nach jedem Geburtstag genötigt wurde, sich
schriftlich für die Geschenke zu bedanken, erinnert sich an die Gran-

»*Jeder Anlass sei dir für eine
Aufmerksamkeit recht.*«

(Ovid)

tigkeit, die dabei die Hand lähmte und die Lust. Kluge Eltern regen ihre Kinder an, das nächste schöne Bild, das sie malen, der Patentante oder dem schenkfreudigen Nennonkel zu widmen. Und wenn der dann entzückt anruft und den Künstler lobt, wird dieses Kind später wahrscheinlich von selbst ans Ölen denken.

Eigentlich ist es ja befremdlich, dass es uns viel leichter fällt, aus Wut, Ärger oder Besserwisserei zu schreiben, zu reden oder anzurufen. Einen Leserbrief verfassen wir meistens, wenn uns etwas nicht passt. Dabei weiß jeder Redakteur, jeder Autor, wie kostbar die lobenden, aufmunternden Briefe sind, die ihn in der Einsamkeit des Schreibens ermutigen.

DAS RÄDERWERK DER KOMMUNIKATION ÖLEN

Natürlich gibt es auch Gründe genug, jemanden nicht einfach so mit Blumen oder Alkoholika zu bedenken oder gar mit noch größeren Gaben. Das könnte nach Bestechung riechen oder zumindest nach

»Dankbarkeit ist das Gedächtnis des Herzens.«

(Jean Baptiste Massieu)

75

Berechnung aussehen. Aber wenn wir ehrlich sind, ist das oft eine Befürchtung, die wir als willkommene Ausrede aufgreifen. Wer vor lauter Bedenken dann nie mehr den Tropfen Öl in seine Beziehungen einträufelt, der riskiert, dass um ihn her das Räderwerk der Kommunikation immer mühsamer und angestrengter läuft und dass auf Dauer immer mehr Energie aufgebracht werden muss, um das Ganze noch in Gang zu halten. Motivation, das lernt jeder Vorgesetzte, macht Mitarbeiter munter und leistungsfähig. Auch – und manchmal gerade – die kleinen Gesten sind motivierend.

DAS ALLTAGSGLÜCK ERHÖHEN

Es gibt eine Methode, öfter und leichter ans Ölen zu denken: Wir müssen uns einfach bildhaft vorstellen, was wir damit auslösen. Das strahlende Gesicht der Gastgeberin, die Rührung der Kollegin, die Dankbarkeit des alten Nachbarn.

Wenn die Zeitungsfrau vor Weihnachten eine Karte und einen Geldschein an dem Platz findet, an dem sie die Zeitung ablegt, oder die Leute von der Müllabfuhr mit den Containern einen kleinen Obolus abholen, dann sagt ihnen das, dass ihre Arbeit gewürdigt wird. Dafür bedanken sie sich mit einem Lächeln, einem Nicken, einem freundlichen Gruß, wenn sie Ihnen begegnen. Und das wiederum erhöht das Alltagsglück ganz unauffällig, einfach so auf der Straße.

Wenn ein Geschenk aus reinem Herzen kommt, wird dahinter keiner unreine Motive vermuten.

AUFMERKSAMKEIT AN DER RICHTIGEN STELLE

▸ Führen Sie eine Kartei über die Geburtstage, die Vorlieben und Hobbys Ihrer Bekannten und Freunde: wer Weißwein und wer Rotwein bevorzugt, wer sich über einen vornehm weißen und wer sich über einen kunterbunten Blumenstrauß freut.

▸ Spüren Sie, ob jemand einen Trost nötig hat – weil er den Job verloren hat, eine kranke Mutter pflegen oder unerwartet umziehen muss. Und reagieren Sie darauf mit einer kleinen Aufmunterung – das kann ein Schächtelchen Pralinen sein oder eine CD mit aufmunterndem Reggae, die Sie gerade entdeckt haben.

▸ Hören Sie auf die viel zitierte Stimme des Herzens, wenn jemand traurig ist. Wenn Sie das Bedürfnis haben, ihn einfach zu umarmen, tun Sie es – dann ist es nämlich das Richtige.

Für das Öl im Getriebe der Beziehungen gelten also nicht die Qualitätskriterien für Maschinen-, sondern für Olivenöl: Es muss sich um eine Reinpressung ohne Beimischungen handeln, frei von giftigen Rückständen – in diesem Fall von Berechnung und strategischem Denken. Und es muss ohne künstlichen Druck hergestellt werden.

GESPÜR FÜR DIE RICHTIGE DOSIERUNG ENTWICKELN

Was die Dosierung des Beziehungsöls angeht, gilt dasselbe wie für Berührungen. Wir wissen instinktiv sehr genau, was zu viel und was angemessen, welche Berührung zu intim und welche zu unverbindlich ist, welche zu intensiv wäre und welche indiskret – oder wen wir küssen und wem wir nur die Hand reichen möchten und sollten. Beziehungen richtig zu ölen verlangt nur eins: mit seinem inneren Instinkt fürs richtige Maß immer in Berührung zu sein.

Ein glücklicher Augenblick erhellt auch einen dunklen Tag.

GLÜCKLICHE PARTNERSCHAFT

LIEBE IST WENN TREUE SPASS MACHT. ENTDECKEN SIE, WIE AUFREGEND EINE *feste Partnerschaft* SEIN KANN. SIE MÜSSEN NUR DIE FREUDE AM GEBEN ENTDECKEN UND DIE AM GUTEN STREIT. SELBST DIE KUNST DER LANGZEITEROTIK UND DER KÖRPERLICHEN LIEBE LÄSST SICH LERNEN – UND EIN GANZES LEBEN LANG VERFEINERN.

ZWEISAMKEIT STEIGERT
DAS LEBENSGLÜCK

VOM GLÜCK ZU ZWEIT TRÄUMEN WIR FAST ALLE. UND WENN DA-
RAUS NICHTS WIRD, HEISST ES: ICH HABE EBEN DAS PECH, NIE
DEM RICHTIGEN PARTNER ZU BEGEGNEN. ABER IN WAHRHEIT
STECKT DAHINTER OFT LIEBESUNFÄHIGKEIT. ODER DIE ANGST,
SICH FEST ZU BINDEN, WEIL MONOGAMIE NACH MONOTONIE
KLINGT. ABER DIESE ANGST LÄSST SICH ÜBERWINDEN.

WARUM WÄRME WICHTIGER
IST ALS »FREIHEIT«

Über glückliche Ehen zu schreiben bringt kein Publikum, über
gescheiterte durchaus. Denn Paare zu verspotten macht Spaß und
kommt gut an. »In der Ehe«, lästerte schon vor 70 Jahren Kurt
Tucholsky, »pflegt gewöhnlich immer einer der Dumme zu sein. Nur
wenn zwei Dumme heiraten – das kann mitunter gut gehn.«
Auch in den letzten zwanzig Jahren war es schick, als Single die armen
Irren zu bemitleiden, die sich mit der festen Partnerschaft Fesseln
anlegen. Ungebunden sein ist aufregend. Das haben die Singles der
80er noch strahlend verkaufen können. Mittlerweile nähme ihnen das
kaum mehr einer ab. Und auch die Singles selbst geben meistens zu,
dass sie darunter leiden, keinen festen Partner zu finden. Sie sehen es
fast immer als ungerechtes Schicksal an, dass es nicht klappt, aus
einem Kontakt eine feste Bindung zu machen. Denn das ist für die
meisten, ob sie es zugeben oder nicht, doch die Grundlage des Lebens-
glücks. Dass trotzdem die Zahl der Singles (die keine mehr sein wollen) gerade in Metropolen wie Berlin oder München wächst, erstaunt.
Gunter Schmidt, Hamburger Wissenschaftler, ging der Sache auf den
Grund. Er wollte wissen, was den Singles am meisten fehlt. 3000 Stu-
denten und Studentinnen wurden befragt. Verblüffendes Ergebnis:
Der Sex, um den Paare die Singles oft beneiden, wird nicht als
abwechslungsreich empfunden. Und er spielt bei weitem nicht die
vermutet große Rolle: 90 Prozent der heterosexuellen Sexualkontakte
finden nämlich in festen Beziehungen statt. Laut Schmidt sind bei
den Singles Klagen über frustrierende One-Night-Stands ebenso an

»Freiheit ist eine sehr
schöne Sache, aber nicht
dann, wenn sie mit
Einsamkeit erkauft wird.«

(Bertrand Russell)

»Von der Liebe träumen
heißt von allem träumen.
Sie ist das Unendliche im
Glück, das Mysterium
in der Lust.«

(Gustave Flaubert)

der Tagesordnung wie solche über »Sex ohne Wärme«. Insgesamt beurteilen sie ihr Sexualleben als zeit- und kosten-, aber nicht gefühlsintensiv: viel Aufwand für wenig innere Befriedigung.

DER WEG ZUR GLÜCKLICHEN PARTNERSCHAFT

So ist das Überlegenheitsgefühl der Singles gegenüber festen Paaren einem ziemlich offen eingestandenen Neid gewichen. Sie sind bereit, eine Beziehung einzugehen – aber sehr oft nicht dazu im Stande. Woran liegt das? Nicht am Mangel an Gelegenheit, sondern sehr oft an der Krankheit unserer Zeit: der Liebesunfähigkeit, um die es im nächsten Abschnitt gehen wird.

Manchmal ist es auch eine berechtigte Angst, die Singles davon abhält, sich zu binden. Scheiternde Partnerschaften ringsum führen ihnen schließlich vor, wie schnell aus der Zweisamkeit eine Einsamkeit zu zweit werden kann. Denn es ist eine weitere Krankheit von heute, alles im Leben dem Investmentdenken zu unterwerfen. Partnerschaft kann aber nur funktionieren, wenn wir erkennen, dass Liebe kein Tauschgeschäft ist (wie Sie im folgenden Kapitel lesen werden) – und dass sich jeder verrechnet, der Liebe und Zuwendung aufrechnet – und dann abrechnet.

Oft hält Singles auch die Angst von der Partnerschaft fern, dass sie dort ihre Eigenständigkeit verlieren und ausgenutzt werden oder dass bald auf das junge Glück die alten Rollenmuster folgen. Doch es gibt ein Modell, das eben das verhindert: das Modell des Peer-Couples, das im Folgenden vorgestellt wird. Auch das richtige – konstruktive – Streiten will gelernt sein, um auf Dauer glücklich zu bleiben. Und nicht zuletzt sollte natürlich keiner Paarbeziehung die Spannung fehlen, die es für Sex und Erotik braucht. Die herzustellen und auf Dauer aufrechtzuerhalten ist kein kitschiger Wunschtraum, es ist eine Kunst, die von Können kommt – Liebeskunst in dem Sinn, in dem sie die Hochkulturen seit Jahrhunderten, sogar Jahrtausenden lehren. Und wie Sie sehen werden, macht kaum ein Kulturunterricht mehr Spaß als dieser.

WESHALB VIELE MENSCHEN LIEBESUNFÄHIG SIND

Dass die Wärme in einer Beziehung nicht im Hauruckverfahren erzeugt werden kann, sondern Zeit braucht, um zu entstehen, dürfte

»Einsamkeit ist eine Gefängniszelle, die sich nur von innen öffnen lässt.«

(Alfredo La Mont)

jedem klar sein. Es fragt sich also, warum Singles nicht hineinfinden in eine länger dauernde Partnerschaft. Offenbar deswegen, weil ihr zentrales Interesse der eigenen Person gilt – der Selbstverwirklichung ohne Abstriche und Rücksichtnahme. Aber: Zum Warmwerden braucht es ein grundlegendes Interesse für den anderen. Und das scheint vielen Singles zu fehlen. Das zeigt, wenn auch in bewusst überzogener Form, ein Bestseller – der Roman *Elementarteilchen* von Michel Houellebecq, der sich allein in Frankreich mehr als 400 000-mal verkauft hat. Darin geht es vor allem um eins: um die Unmöglichkeit der Liebe. Denn Liebe und intensive Gefühle stehen, wie der Autor und seine Helden rückhaltlos zugeben, der narzisstischen Selbstverwirklichung im Wege. Die Diagnose ist bitter, aber unausweichlich: Liebesunfähigkeit ist die narzisstische Krankheit der Zeit.

LIEBESFÄHIGKEIT IST LERNBAR

Doch es gibt Mittel, diese Krankheit zu überwinden:

- Wenn Sie einen Partner suchen, suchen Sie nicht in einer Disco. Dort berühren Sie sich körperlich kaum und geistig gar nicht, weil die Lautstärke der Musik eine Unterhaltung unmöglich macht. Belegen Sie lieber einen Tangokurs, denn dabei lernen Sie automatisch, sich einzufühlen in die Bewegungen eines Partners – und auch in seine seelische Stimmung, die sich darin ausdrückt. Den gemeinsamen Rhythmus zu finden kann der Anfang einer dauerhaften Beziehung sein.

- Treffen Sie auf einem Event, der eigentlich nur Smalltalk erlaubt, auf einen Menschen, der Ihnen gefällt, kommen Sie nicht auf die Idee, alles zu erzählen, was Sie selbst toll und wichtig erscheinen lässt, sondern fragen Sie – und fragen Sie nach. Das heißt, die erste Frage durch weitere zu vertiefen. Verrät der Gesprächspartner seinen Beruf, geben Sie sich damit nicht zufrieden, sondern erkundigen Sie sich weiter, wie er darauf verfallen ist, ob das sehr viel Stress mit sich bringt und was ihm daran am meisten Freude macht.

- Wenn Sie zwar Lust auf Zweisamkeit, aber noch mehr Angst vor einer festen Bindung haben, werden Sie sich über die Gründe dafür klar. Haben Sie Angst, Freiheiten aufgeben zu müssen – und worin bestehen diese Freiheiten? Befürchten Sie, ausgenutzt und in finanzieller oder idealer Hinsicht übervorteilt zu werden? Wenn ja –

Lieben ist das einzige Mysterium, das sich lernen lässt.

Treue wird nur langweilig, wenn die Beteiligten es sind.

woher kommt dieses Misstrauen? Aus schlechten Erfahrungen oder daraus, dass Sie selbst gern von allem, was Sie tun, profitieren wollen?

Jagt Ihnen der Ausdruck »feste Bindung« Angst ein, dann ergründen Sie, warum. Fragen Sie sich, ob Sie vielleicht jemand sind, der immer darauf spekuliert, es könne noch etwas Besseres kommen, und der daher nur Provisorien duldet. Sollten Sie mit diesen Fragen allein nicht weiterkommen, kann die Selbsterfahrung in einer Psychotherapie Ihnen den Weg öffnen – den zu sich selbst und zu einem Partner.

■ Liegt der Grund für Ihre Bindungsunlust vor allem in der Angst vor Monotonie – vor geistiger wie sexueller – dann befreien Sie sich von der Vorstellung, allein der fliegende Partnerwechsel garantiere Aufregung und Abwechslung. Und öffnen Sie sich dem

Gedanken, dass Monogamie Spaß machen und Ihnen die ersehnte tiefer gehende Erfüllung bringen kann.

WORIN DAS GLÜCK DES TREUSEINS LIEGT

Obwohl sich insgeheim wohl jeder nach einer glücklichen Partnerschaft sehnt, die lang, vielleicht sogar ein Leben lang hält, steht sie heute nicht so hoch im Kurs. »Ich träume von einer Zweisamkeit, die über Jahre, vielleicht sogar Jahrzehnte hinweg nichts an Spannung verliert, die packend und prickelnd bleibt, anregend und aufregend.« Wer das zugibt, wird von anderen oft verlacht – und veräppelt als romantischer Träumer, der in einer Welt militanter Eheschlachten und Scheidungskriege fehl am Platze ist. Solche Leute passen nicht in die Ära von Internet und Börsenfieber.

Denn wir sind fast alle zu mentalen Zappern geworden. Und die Vorstellung, irgendeiner Sendung, einer Idee oder einem Menschen treu zu bleiben, trägt für uns den muffigen Geruch von Langeweile. Paradoxerweise haben wir uns nur an eines gewöhnt: an die Abwechslung. Denn sie lenkt uns ab von uns selbst.

Um die Gier nach Abwechslung auch in Partnerschaften zu rechtfertigen, erdachten findige Menschen die Bezeichnung »Lebensabschnittspartner«. Nach einem Jahr, wurde vor allem den Männern gesagt, zeigten sich in jeder Beziehung erste Abnutzungserscheinun-

Liebe heißt, nicht mehr vergleichen.

ROLLENVERTEILUNG MAL ANDERS

Verabschieden Sie sich von der Vorstellung, Müll hinaustragen, Elektrogeräte reparieren, Reifen wechseln oder Rasen mähen könnten nur Männer, kochen, Babys wickeln, Einkaufen und Putzen könnten nur Frauen. Gerade der Wechsel der üblichen Aufgabenverteilung bringt es oft: Männer entwickeln Spaß am Kochen und Frauen genießen es, ihren Mann zu überraschen, wenn sie bei einer Panne aus dem Auto steigen, die Ärmel hochkrempeln und den Wagenheber ansetzen.

Das Arbeitspensum stur aufzuteilen ist albern. Wenn er früher heimkommt als sie – warum soll er dann nicht die Spülmaschine ausräumen? Wenn sie gerade daran denkt, dass ein Film aufgenommen werden sollte – warum programmiert sie dann nicht einfach das Videogerät, anstatt ihm diesen Job zu überlassen?

gen. Und keiner solle Hemmungen haben, das alte Modell auszumisten und durch ein neues zu ersetzen. Das sei nicht herzlos, sondern vernünftig. Es sei doch saurer Kitsch, zu glauben, eine langjährige Partnerschaft könne immer schöner werden.

DAS REZEPT GLÜCKLICHER PAARE

Trotzdem treibt klammheimlich auch solche Verdrängungskünstler – männliche wie weibliche – die Frage um: Was ist denn das Rezept einer glücklichen Partnerschaft? Danach suchen selbstverständlich auch die Soziologen und Psychologen. Der amerikanische Partnerschaftsforscher Pepper Shwartz hat es schließlich nach ausgiebigen Untersuchungen gefunden und verraten, wie es ausschaut. *Peer-Couple* hat er es genannt. Peer bedeutet »Kumpel«, aber als Vorsilbe auch »gleich«, wie in gleichaltrig oder gleichgesinnt. Zwei Menschen, die nach diesem Modell zusammenleben, kennen die meisten Probleme anderer Paare nicht. Keiner neidet dem anderen den Erfolg, deswegen haben ihn beide. Keiner nutzt den anderen aus, beide unterstützen, beraten und coachen einander. Keiner quält sich damit, der andere habe es besser oder bequemer, denn jeder macht das, was er am besten kann. So fühlt sich auch keiner als Opfer, ausgebeutet und benutzt. Denn das Peer-Couple hat sich verabschiedet von jenem Begriff, der, falsch verstanden, jede Liebe ruiniert: Selbstverwirklichung. Das wird nämlich meistens damit gleichgesetzt, nur das zu tun, was einem selbst am besten gefällt. Seine Autonomie in einer Partnerschaft wahren heißt, seine äußere Unabhängigkeit in der festen Bindung wahren. Das Peer-Couple läuft niemals Gefahr, nur zusammenzubleiben als Zweckgemeinschaft – weil sie nachts allein Angst hat in der Wohnung und er weder kochen noch bügeln kann. Was sie zusammenhält, ist Liebe. Deswegen fühlen sie sich frei. Sie werden nicht eingeengt von dem Korsett der sturen Gewohnheiten. »Das Harte und Starre« heißt es bei Laotse, ist »dem Tod nahe, das Zarte und Nachgiebige ist dem Leben nahe.« Das gilt auch für die starre Rollenverteilung: Sie tötet das Lebendige ab – und damit die Liebe.

Das Peer-Couple verteilt die Aufgaben nicht rollentypisch und prinzipiell, sondern ganz nach Situation oder danach, wer was besser kann (siehe auch Kasten Seite 85). Die Partner bilden also ein hoch effizientes und harmonisches Team – und das funktioniert ganz einfach.

Eine feste Rollenverteilung ist auf der Bühne vernünftig, aber in der Liebe dumm.

Das Peer-Couple ordnet sich niemals starren Prinzipien unter, es ist immer beweglich.

Nur ein Problem hat das ideale Paar leider doch: Die beiden werden einander emotional und mental so vertraut, so nah, dass die Spannung abnimmt, die es für sexuelle Anziehung nun mal braucht. Erobern wollen wir doch nur das fremde, das unbekannte, das neue Terrain. Das heißt: Beide brauchen die Bereitschaft, sich aus eigener Kraft immer wieder zu verändern, um die Neugierde des anderen mit neuen Mitteln wach zu kitzeln.

Wer innerlich beweglich bleibt, tanzt dem Frust auf der Nase herum.

LIEBE IST KEIN
TAUSCHGESCHÄFT

OFT FRAGEN WIR IN UNSEREN BEZIEHUNGEN: »WAS BEKOMME ICH DAFÜR?« FÜR ALLES, WAS WIR GEBEN, HÄTTEN WIR GERN ETWAS ZURÜCK. WIR DENKEN DAUERND ANS NEHMEN STATT ANS GEBEN. DOCH SO KANN EINE PARTNERSCHAFT NICHT GLÜCKLICH WERDEN. DIE RICHTIGE FRAGE LAUTET :«WAS KANN ICH GEBEN?«

WIE WIR »MEIN« UND »DEIN« VERSCHMELZEN

Die Zauberformel der Liebe heißt teilen: das Bett teilen, den Tisch teilen, das tägliche Leben teilen. Gemeint ist damit ein Teilhaben an allem, was den anderen ausmacht, was ihn beschäftigt und berührt. Aber oft wird daraus ein reines Aufteilen, ein Verteilen der Zuständigkeiten und Aufgabenbereiche.

»Macht macht Männer sexy«, hat Henry Kissinger behauptet. Fragt sich nur, für wen. Mit Sicherheit für die Sekretärin, für Frauen, die unter dem mächtigen Mann arbeiten oder mit ihm zum Business-Lunch gehen. Auch für die, die sehen, wie sein Chauffeur ihm die Tür aufhält, wenn er in seinen Dienstwagen steigt. Für die Ehefrau meistens nicht – oder zumindest nicht sehr lange.

Am Anfang teilt sie mit ihm noch das »Es-ist-erreicht-Gefühl«. Sie genießt es, dass ihre Mutter stolz ist auf eine Tochter, die so einen tollen Hecht ergattert hat, und dass Freundinnen sie beneiden um die Brillanten zum Geburtstag, die Platin-Zweitkarte in der Hermès-Tasche und den Weihnachtsurlaub in der Karibik. Aber dann kommt die schmerzliche Einsicht: Macht macht Männer unsexy. Denn der mächtige Mann hat zwar immer mehr Geld, aber immer weniger Zeit. Im Job ist er der strahlende Held, aber zu Hause ein matter Krieger, dessen Wunden sie pflegen und verarzten und dessen endlose Leidensgeschichten sie anhören muss, anstatt auch mal über ihre Probleme reden zu können. Er umgekehrt findet es ganz selbstverständlich, dass sie Krankenschwester und Psychotherapeutin spielt, denn schließlich tut er »das alles« ja nur für sie und die Kinder. Die Positionen sind definiert: Er steht an der Spitze und im Scheinwerferlicht, sie steht in seinem Schatten. Und dort verkümmert bekanntlich alles

Macht macht Männer

unsexy – für ihre

Ehefrauen jedenfalls.

Leben, das Familien- wie das Liebesleben. Denn überall erwartet er einen zügigen und reibungslosen Ablauf. Zoff mit den Kindern ist ihr Ressort – er hat schließlich den mit den Mitarbeitern. Und Vorspiel ist was für Abteilungsleiter – ein Chef kommt sofort zur Sache. Das Ergebnis: Sie fühlt sich als Opfer, ausgebeutet und benutzt, und er fühlt sich missverstanden. Weil Sex das einzige Machtmittel ist, das ihr bleibt, lässt sie ihn nicht mehr ran, damit er was kapiert. Aber er geht nicht in sich, er geht fremd.

Das alles spielt sich mittlerweile mehr und mehr auch in umgekehrter Besetzung ab: Sie macht Karriere oder zumindest die steilere von beiden; er ist für die Abteilung Seelsorge zuständig. Häufiger ist jedoch nach wie vor die alte Rollenverteilung.

WAS HILFT GEGEN DAS *UNHAPPY END?*

Die Frage bleibt in diesem wie in jenem Fall: Was hilft gegen das *Unhappy End* der Erfolgsgeschichte? Wie lässt es sich verhindern, dass auf dem Altar der Karriere die Liebe geopfert wird? »Hätte er nur auf die Beförderung verzichtet!«, jammert manche Manager-Gattin. Dann wäre zwar weniger Geld da, aber mehr Glück. Doch sie ahnt natürlich, dass sie dann keinen fürsorglichen Musterpartner an der Seite hätte, sondern einen frustrierten Kerl, der ihr ein Leben lang vorhielte, worauf er ihretwegen verzichtet hat.

Konsequente Manager-Frauen bleiben dem erfolgreichen Gatten zwar treu, aber noch mehr ihren Prinzipien. Gnadenlos ziehen sie durch, was einmal unter völlig anderen Bedingungen vereinbart worden war. Zum Beispiel: Jeden zweiten Abend hat er die Kinder ins Bett zu bringen. Und weil er weiß, wie wichtig die häusliche Ambulanz für ihn ist, die Geborgenheit, das Verständnis, die Wärme daheim, beugt er sich dem Diktat, rast noch kurz vor der Vorstandssitzung heim, versorgt die Bälger, hetzt zurück. Sie kriegt damit zwar das Gefühl, sich durchzusetzen, aber er kriegt ziemlich bald einen Herzinfarkt.

Klingt ausweglos, das Ganze. Denn sobald sich im Kopf das Gefühl einnistet, dem Partner zuliebe zu verzichten, ist es um die Beziehung geschehen: In diesem Nest wächst und gedeiht die Brut der Unzufriedenheit und diese schwarzen Vögel kreisen über den Häuptern beider Partner. Sie hat das Gefühl, auf das zu verzichten, was sich Selbstverwirklichung nennt, und er auf das, was man unter Lebensqualität versteht. Das funktioniert selbstverständlich genauso, wenn

Wer eine Beziehung aus Berechnung eingeht, bekommt es in anderer Münze heimgezahlt.

Liebe meint:
die Grenzen des
Ich auflösen.

er es ist, der auf die berufliche Erfüllung verzichtet zu haben glaubt und sich als Hausmann um die Kinder kümmert, vielleicht einfach deswegen, weil seine Frau mehr verdient.

DIE EMOTIONALE GÜTERTRENNUNG AUFGEBEN

Dieses Verzichtgefühl darf gar nicht erst entstehen – bei keinem von beiden. Und das lässt sich nur vermeiden, indem beide die geistige und emotionale Gütertrennung aufgeben. Solange sie trennen in »dein Glück« und »mein Glück«, in »dein Erfolg« und »mein Erfolg«, »deine Karriere« und »meine Karriere«, solange sind sie nichts als Geschäftspartner – und zwar ziemlich unsympathische: Jeder will einen größtmöglichen Profit für sich herausschinden.

Die Ehen von Top-Managern scheitern oft – auch wenn die Trümmer der Beziehung zugedeckt werden mit dem Hochglanzlack des Wohlstands, auch wenn aus rechnerischen Gründen die Scheidung vermieden und aus gesellschaftlichen Gründen der Kalte Ehekrieg verheimlicht wird. Sie scheitern schlicht daran, dass beide Partner ihre Beziehung mit kühlem Investmentdenken betreiben. Da sagt sich die Manager-Gattin: »Wenn ich so viel Zeit, Energie und Intelligenz in unsere Beziehung investiere, dann muss sich das verzinsen.« Zuerst ist sie noch zufrieden mit der materiellen Rendite, aber bald will sie mehr. Sie will zu 50 Prozent beteiligt werden an seinem Erfolg, an der Anerkennung, die ihm zuteil wird, und der Bewunderung Subalterner. Der Manager seinerseits sagt sich: »Wenn ich auf Freiheit und Freizeit verzichte, wenn ich so viel Kraft, Kompetenz und Potenz in die Vermehrung unseres Besitzes und Ansehens investiere, dann muss sie, die es daheim nett, warm, entspannt und gemütlich hat, mich entlohnen mit Zärtlichkeit und Verständnis.« Und beide beschleicht bald das Gefühl, der andere mache den größeren Reibach, beide fühlen sich abkassiert und ausgetrickst.

Diese Verbindung ist nicht mehr stabil, denn jeder steht nur noch auf einem Bein: dem des Egoismus. Und ein so labiles Gebilde ist gefährdet. Da braucht nur irgendeine Freundin, die selbst Karriere gemacht hat, zu bemerken: »Und das lässt du dir gefallen?« Da braucht nur eine neue Mitarbeiterin in seinem Laden, die ein Telefongespräch mit der Ehefrau mitbekommt, voller Mitleid zu sagen: »Mein Gott, wie halten Sie das nur aus!« Und schon fallen beide um.

Die Ehe zweier Egoisten ist so stabil wie ein Stuhl mit zwei Beinen.

»TAUSCHE SCHÖNHEIT GEGEN FINANZIELLE SICHERHEIT«

Die grundlegende Einsicht, die hier fehlt und die allein eine Beziehung aufrechterhalten kann, heißt ganz schlicht: Liebe ist kein Tauschgeschäft. Das gilt für jede Partnerschaft, auch für jede Freundschaft. Aber zwei Menschen, die sich allzu sehr an kommerzielles Denken gewöhnt haben, tun sich schwerer, sich zu einer solchen Einsicht durchzuringen.

Getauscht wird üblicherweise in den Kategorien Jugend und Schönheit gegen Erfolg und Geld. Daran hat sich trotz Emanzipation nichts geändert – außer der Tatsache, dass sich heute auch vermehrt erfolgreiche Frauen mit ihrem Vermögen und Ansehen einen knackigen Beau angeln.

Schon 1954, in Howard Hawks Film *Blondinen bevorzugt,* beruft Marilyn Monroe sich auf die Gesetze des Tauschhandels. Als ihr Schwiegervater in spe ihr vorwirft, dass sie sich mit ihren Reizen seinen Sohn angele, um an dessen Reichtum heranzukommen, erklärt sie ihm: »Aber dann bekommt er doch im Gegenzug alles, was er selbst nicht hat: Schönheit, Jugend und Sex-Appeal.« Das Prekäre an diesen Tauschgeschäften ist aber leider: Die gehandelten Werte sind vom Verfall bedroht – Schönheit und Jugend ohnehin, aber auch Geld und Erfolg. Und am Ende fühlt sich einer – wenn nicht alle beide – vom anderen betrogen.

WORIN DIE LUST LIEGT, ALLES ZU GEBEN

Es gibt nur eine Basis fürs Glück: Die Lust, dem anderen etwas zu geben, ohne sich zu fragen: »Was kriege ich dafür zurück?« Liebe funktioniert wie Streicheln: Wer berührt, wird dadurch gleichzeitig selbst berührt. Und wer schenkt und damit beglückt, wird eben dadurch glücklich.

Wer Freunde nur einlädt, um wieder eingeladen zu werden, wer nur schenkt, um ein Geschenk im selben Verkehrswert zu erhalten, wer anderen nur weiterhilft, damit sie sich dafür revanchieren, der hat das Geheimnis des Glücks nicht verstanden. Selbstlosigkeit ist ein Wort von gestern, aber eine Haltung mit Zukunft. Selbstlos zu sein heißt ja nicht, sich selbst aufzugeben, sich aufzulösen in den Interessen des anderen. Es meint vielmehr, sein Ego vergessen zu können und aus dem engen Eigenheim des Narzissmus hinauszutreten in die herrli-

»Liebe ist das einzige, was nicht weniger wird, wenn wir es verschwenden.«

(Ricarda Huch)

che Weite des Gefühls, des Mitgefühls, des Sich-Einfühlens. Dann gibt es die Grenzen nicht mehr, die neidisch machen auf das, was jenseits davon liegt, oder unempfindlich dafür. Dann können wir wirklich sagen – und empfinden: »Dein Erfolg ist meiner, mein Erfolg ist deiner.« Aber auch: »Deine Sorgen sind meine, meine Sorgen sind deine.«

■ Wenn Ihr Partner Ihnen am Abend sein Leid klagt, wie verlogen die anderen im Vorstand sind, wie intrigant ein neuer Mitarbeiter, wie indolent ein Geschäftspartner ist, dann fühlen Sie sich nicht als Müllhalde, wo er das entsorgen will, womit er nicht zu Rande kommt: Leiden Sie mit ihm, erregen Sie sich vielleicht sogar mit ihm.

■ Wenn Ihre Partnerin strahlend berichtet, wie ihre neueste Idee angekommen ist und wie sie ihre Vorstellungen durchsetzen konnte, genießen Sie das Gefühl, dass der Erfolg Ihnen beiden gehört.

Wenn ein Mensch sich einfühlt in den andern, dann fließen zwei Seelen zusammen.

■ Wenn Sie mitbekommen, wie Ihr Partner/Ihre Partnerin bewundert wird, dann freuen Sie sich: »Gut, dass es die anderen auch merken, was ich für einen wunderbaren Menschen an meiner Seite habe.«

■ Feiern Sie jeden Erfolg des anderen, indem Sie die kleine Feier inszenieren. Und öffnen Sie Ihre Wahrnehmung dafür, was alles ein Erfolg ist: Wenn eine Frau, die voll berufstätig ist, wieder mal den zusätzlichen Weihnachtsstress bewältigt hat. Wenn sie, die sich nach dem Job um die Kinder kümmert, vermelden kann: die haben das Schuljahr zufriedenstellend geschafft. Wenn er den Besuch der nervenden Schwiegermutter souverän durchgestanden hat. Oder wenn das selbst gebastelte Regal, mit dem er sich so herumgeärgert hat, endlich steht.

■ Denken Sie an den Satz: »Hinter jedem starken Mann steht eine starke Frau.« Er gilt auch mit umgekehrten Vorzeichen. Genießen Sie es, ob Sie Mann oder Frau eines äußerlich erfolgreichen Partners sind, die graue Eminenz im Hintergrund zu sein.

Wer das Berühren auf die lange Bank schiebt vergisst, wie sich das anfühlt.

■ Sind Sie derjenige von beiden, der gefeiert, geehrt oder befördert wird, treten Sie gemeinsam auf und sagen Sie jedem, der Ihnen gratuliert: »Eigentlich müssten Sie meiner Frau/meinem Mann ebenfalls gratulieren – ohne ihre/seine Unterstützung hätte ich das schließlich nicht geschafft.«

»ICH BIN DU«

Tat wam asi heißt der Kernsatz der Weisheit des Buddhismus – »Das bist du«. *Tat wam asi* sagt sich der Buddhist, wenn er ein Schaf, eine Schnecke, eine Mücke sieht oder einen Pflaumenbaum. Es bedeutet: Wenn das Schaf geschlachtet wird, wird er geschlachtet, wenn er die Mücke erschlägt, die Schnecke zertritt, zerstört er sich selbst, wenn er die Pflaumen verschenkt, gibt er etwas her von sich, um andere zu beglücken. Für die Partnerschaft lässt sich dieses *Tat wam asi* übersetzen mit »Ich bin du«. Es gibt keine Abgrenzung mehr zwischen mir und meinem Liebsten. Und diese Entgrenzung befreit von allen Grenzkontrollen und macht Zollgebühren überflüssig.

■ Verabschieden Sie sich von der Gütertrennung, real und mental. Und rechnen Sie niemals Leistungen und Verdienste auf. Versuchen Sie mehr zu geben, als Sie zurückbekommen können.

■ Lernen Sie, richtig zu schenken. Hören Sie heraus, was Ihr Partner gern hätte, wovon er träumt, auch wenn er die Bemerkung nur nebenbei fallen lässt. Denn Geschenke sollen nicht Ihren Kontostand demonstrieren, sondern Ihr Einfühlungsvermögen.

■ Trainieren Sie, die Körpersprache Ihres Partners zu verstehen, anstatt ihn zum Reden zu nötigen. Es ist ganz leicht zu lernen, ihm Stress oder Überanstrengung, Nervosität oder Anspannung nicht nur anzusehen, sondern »anzufühlen«. Nehmen Sie die Einfühlung wörtlich: Massieren Sie sich abends gegenseitig dort, wo es wehtut – wo Verspannungen sind. Schweigt Ihr Partner bedrückt, streicheln Sie ihn und lächeln Sie ihn an, aber bedrängen Sie ihn nicht mit bohrenden Fragen. Ihre Berührung sagt bereits, dass es Sie berührt, was ihn bewegt.

■ Proben Sie den Rollentausch – nicht mündlich, sondern schriftlich. Notieren Sie einmal beide, welche Stresssituationen Sie an einem typischen Arbeitstag zu bewältigen haben. Und beschreiben Sie nicht etwa Ihre Reaktion darauf, sondern setzen Sie ans Ende jeder Szene die Frage: »Was würdest du hier tun oder sagen?«

Körpersprache lässt sich nicht im Sprachkurs lernen, aber im Bett.

95

VERSTÄNDIGUNG
IST HERZENSTECHNIK

OFT VERHEDDERN WIR UNS MIT UNSEREM PARTNER IN IMMER
DENSELBEN STREITEREIEN. DAS BEDEUTET FRUST FÜR BEIDE.
GEWONNEN HAT DABEI KEINER ETWAS. DABEI GIBT ES EIN PAAR
EINFACHE TRICKS, STREIT IM VORFELD ZU VERMEIDEN – ODER
WENIGSTENS FRÜHZEITIG AUS DESTRUKTIVEM STREIT AUSZU-
STEIGEN.

WIE WIR UNGLÜCKLICHEN STREIT VERMEIDEN

Grundstein einer glücklichen Partnerschaft, da sind wir uns wohl
einig, ist es, zu verstehen und sich verstanden zu fühlen. Und das
müsste eigentlich einfach sein, denn Kommunikation ist heute ein
Kinderspiel. Wir leben schließlich im Kommunikationszeitalter. Mühe-
los kommunizieren wir über die Kontinente hinweg mit neuesten
Technologien. Aber innerhalb der eigenen vier Wände ist Kommunikation mehr und mehr ein Problem. Die Diskussionen in modernen
Beziehungen werden immer länger, heftiger und destruktiver. Und
das Ausdiskutieren wird nicht zur beglückenden Erlösung, sondern
zur Folter für beide. Warum?

PROBLEM NR. 1: WIR REDEN ANEINANDER VORBEI

Es ist, als sprächen wir zweierlei Sprachen. Schuld ist natürlich immer
der andere. »Du kannst mich einfach nicht verstehen«, lautet dann
der Stoßseufzer – und ein Buch mit diesem Titel wurde folgerichtig
zum Bestseller, weil es all denen aus der Seele sprach, die sich nicht
verständlich machen können. Unsere Streitereien scheitern nicht etwa
an mangelnder Wortgewandtheit oder einem Defizit an Argumenten
– damit werden wir ja eifrig beliefert von allen möglichen Partner-
schaftsberatern. Es liegt vielmehr daran, dass wir in Floskeln und Ver-
satzstücken reden und lieber mit vielen Worten nichts sagen, als abzu-
brechen und einfach einmal zu schweigen. Denn das gilt als Schwäche:
»Dem fällt wohl nichts mehr ein«, heißt es dann.
Als guter Talkmaster wird derjenige angesehen, der alles anspricht
und ausspricht und keinen Augenblick Stille aufkommen lässt. Poli-

»Eine Liebesbeziehung kann

man zerreden. Zerschweigen

kann man sie nicht.«

(Robert Musil)

*Ein Lächeln überwindet
die Distanz – räumlich
und seelisch.*

tiker sagen lieber fünf Minuten lang wortreich nichts aus (Ex-Kanzler Kohl: »Die Schwierigkeit ist das Problem«), als den Mund zu halten. Wer es einmal probiert, stellt verblüfft fest, welchen Erfolg er damit hat. Denn eine Denkpause ist keine Pause vom Denken, sondern fürs Denken. Außerdem bringt sie auch den anderen zum Stutzen, zum Innehalten, bis vielleicht auf der gemeinsamen Wellenlänge wieder etwas funkt.

PROBLEM NR. 2: JEDER WILL RECHT HABEN

Was wir uns von einer Auseinandersetzung erhoffen, ist klar, aber unsinnig: Jeder der beiden Partner erwartet, dass am Ende der Diskussion – wir können es auch Streit nennen – der andere ihm in allen Punkten Recht geben und voller Einsicht seinen Standpunkt aufgeben wird. Dabei hat ein Streit doch schon dann etwas gebracht, wenn jeder danach besser weiß, wo der andere steht. Nur: Dabei belassen wir es nicht. Wir streiten als Überzeugungstäter und geben erst auf, wenn der andere, natürlich auch ein Überzeugungstäter, so fertig ist, dass ein Waffenstillstand anberaumt werden muss. Und dann kommt der reuevolle Konjunktiv: »Hätten wir doch bloß nicht damit angefangen. Hätten wir bloß nicht darüber geredet.« Wer am Ende einer Diskussion nur glücklich ist, wenn der Partner k. o. geschlagen ist, wird nie eine glückliche Partnerschaft aufbauen können.

PROBLEM NR. 3: STREIT FUNKTIONIERT WIE ALKOHOL

Wenn ein Streit von bester Qualität ist und bewusst und in Maßen genossen wird, belebt er. Ein Glas Schampus oder ein kurzer, überschäumender Streit: das inspiriert durchaus. Wie der Alkohol fördert Streit in kleinen Mengen nachweislich die Kreativität und die sexuelle Lust. Schon in den 70er Jahren hat der Verhaltensforscher Harry F. Harlow an der Universität Wisconsin nachgewiesen, dass die absolute Friedlichkeit sich auf den sexuellen Appetit schlägt. »Streit in Maßen macht geil«, hieß das Ergebnis seiner Langzeitstudie mit unseren nächsten Verwandten: Affen entwickeln Paarungsgelüste nur, wenn sie gelegentlich ihre Aggressionen ausleben dürfen. Affen, die in einer völlig aggressionsfreien Umgebung groß wurden, waren sexuell völlig desinteressiert.

Entsprechend gilt für Menschen: Guter Streit stimuliert, ja er erotisiert sogar. Denn der andere betont durch den Streit sein Anderssein.

Streit ist ein Mittel, um miteinander zu »verkehren«. Und aus diesem Verkehrsmittel können wir jederzeit aussteigen.

Und begehrenswert ist für uns alle immer nur das Andere – nur fremdes Terrain kann erobert werden.

WIE KONSTRUKTIVES STREITEN FUNKTIONIERT

Richtig streiten heißt so streiten, dass es das partnerschaftliche Glück verstärkt, nicht ruiniert. Wer das lernen will, braucht sich nur ein simples Programm aufzustellen:

MIT BLICKEN SPRECHEN

Beim Flirten üben wir ihn, danach leider nicht mehr: den viel sagenden Blick. Das kann ein Zwinkern sein, ein Staunen, ein Traurig-Dreinschauen oder ein beschwörender Blick, der mitten im Streit sagt: »Aber ich liebe dich doch.«

DAS BERÜHREN NICHT VERGESSEN

Nach der Zeit der ersten Zärtlichkeit vernachlässigen viele die ganz absichtslosen Berührungen. Frisch Verliebte fassen sich ständig an – im Supermarkt, auf der Straße, in der U-Bahn. Berührungen verstärken das Zusammengehörigkeitsgefühl. Wer es schafft, mitten in der Diskussion dem anderen liebevoll die Hand auf den Arm zu legen, verhindert zuverlässig eine Eskalation.

DEN AUSSTIEG PROBEN

In jedem Flugzeug lernen wir, wo der Notausstieg ist und wie wir herauskommen. Beim Streiten zeigt uns das keiner. Dabei liegt er in den meisten Partnerschaften, wie in Jumbo-Jets desselben Typs, immer an der gleichen Stelle. Es sind immer wieder dieselben Reizwörter oder -themen, in denen wir uns verheddern. Mit fast schon ritueller Genauigkeit wiederholen sich die Situationen, in denen aus Reden Zerreden, Kaputtreden und schließlich Totreden wird. Da kommt dann irgendwann nachts nach drei Stunden Diskussion genau das auf den Tisch, was sich die Beteiligten eigentlich nie, nie (wieder) servieren wollten.

DEN ABSTAND ZU SICH WAHREN

Treten Sie mitten im Streit gedanklich ein paar Schritte zurück und stellen Sie sich vor, die ganze Szene zu filmen: Das gibt Ihnen jene Distanz zurück, aus der Sie manches als komisch, lächerlich oder

> »Im Ehestand muss man sich manchmal streiten, denn dadurch erfährt man was voneinander.«
>
> (Johann Wolfgang von Goethe)

albern erkennen können. Und nichts beendet einen Streit wirkungs-
voller als ein Lächeln oder ein Lachen. Von der Entladung in Gebrüll
zur Entladung in Heiterkeit ist es manchmal nur ein ganz kleiner
Schritt.

DEM ANDEREN SEINE GEHEIMNISSE LASSEN

Oft führt der verständliche Wunsch, alles über den anderen zu wissen, zu einem zerstörerischen Streit. Was uns da drängt, den letzten
weißen Fleck auf der Seelenlandkarte des Partners auszukundschaf-
ten, ist jedoch nicht die Sehnsucht nach Nähe, Intimität und Vertrauen, es ist die Sehnsucht, den anderen zu beherrschen und zu besitzen – das Verlangen nach Macht. Aber wer dem Partner das Recht auf
seine Geheimnisse nimmt, raubt ihm das letzte Refugium – und das
macht den anderen aggressiv.

»Wo warst du gestern Mittag?« – »Was denkst du denn jetzt gerade?«
– »Verschweigst du mir irgendetwas?« Das sind natürliche, aber
falsche Reaktionen auf die Tatsache, dass ein Mensch, den ich durch
und durch zu kennen meine, plötzlich einen anderen Blick bekommt,
einen unbekannten Gesichtsausdruck aufsetzt oder ein rätselhaftes
Lächeln. Wer Gespür für den anderen entwickelt, genießt das. Liebe
heißt nicht, einzudringen in die Seele das anderen, sondern seine
Seele zu berühren.

*Viel sagende Blicke
verhindern oft nichts
sagende Dispute.*

SCHLÜSSEL FÜR DEN NOTAUSGANG

Für alle, die das Tot- und Kaputtreden vermeiden wollen, empfiehlt
es sich, ein paar Schlüssel für den Notausgang bereitzulegen – kri-
tische Selbstbeobachtungen, die helfen, der Falle zu entkommen:

> Jetzt hacke ich schon wieder auf dieser Person herum, über die wir
> schon immer zweierlei Meinung waren. Das führt doch zu nichts!

> Schon eigenartig, dass ich jetzt, wo wir Liebe machen wollten, wie-
> der mit dem Problem anfange, das wir gestern schon durchgekaut
> haben. Ich sollte mich lieber auf meine Lust besinnen als auf mei-
> nen Frust!

> Es gibt doch eigentlich keinen Grund, dass ich schon wieder in sei-
> ner/ihrer Vergangenheit bohre und alles aus ihm/ihr herauspres-
> sen will. Ich lasse ihm diesmal einfach sein Geheimnis!

WARUM GEHEIMNISSE SO WICHTIG SIND

Halb ausgezogen ist aufregender als splitternackt, da sind sich die meisten Menschen einig. Wer alles preisgibt, bei dem gibt es nämlich nichts mehr zu entdecken. Und das lähmt die prickelnde Neugier. Was den Körper angeht, leuchtet das jedem ein, nicht aber was die Seele betrifft.

»Sie ist für mich nach zehn Jahren noch aufregend.« »Es ist mir in den zwölf Jahren nicht eine Minute langweilig mit ihm gewesen.« So klingt es, wenn vom Glück der magischen Anziehungskraft die Rede ist, die wir uns wünschen. Ein Geheimnis zu haben, das umgibt jeden Menschen mit einer besonderen Aura. Er bekommt dadurch Tiefe, die andere zum Erkunden und Ausloten reizt. Nur: Wie wird man

»Der Boden, dem die Liebe

entsteigt, ist Geheimnis.«

(Bettina von Arnim)

geheimnisvoll? Es ist nämlich nicht so einfach, in sich ein Geheimnis zu tragen, das nicht belastet, sondern beglückt. Sich ein solches inneres Reservat aufzubauen ist keine Frage des Geldes, es ist eine Frage der Lebenskunst, der Findigkeit und der inneren Freiheit. Genau das lässt jeden, der es hat, begehrenswert erscheinen.

DIE KUNST, EIN GEHEIMNIS ZU BEWAHREN

Ein Geheimnis zu haben, das einem ganz allein gehört, und es zu behüten, ist eine Kunst, die sich erlernen und verfeinern lässt. Die folgenden Tipps können dabei hilfreich sein:

- Breiten Sie vor einem Menschen, den sie kennen und lieben lernen, nicht sofort Ihre ganze Vergangenheit aus. Behalten Sie vieles als Vorrat zurück, was sie dann, wenn es passt, so delikat erzählen wie Scheherazade ihre Geschichten dem Sultan.
- Genießen Sie manches ganz allein und nur für sich: einen Roman, der Sie erregt, eine Erinnerung, die sie erotisiert, einen Anblick, der sie beglückt.
- Gönnen Sie sich manches, ohne darüber zu reden. Gehen Sie zum dritten Mal in den Film, den Sie lieben, auch wenn Ihr Partner das albern fände.
- Führen Sie ein Tagebuch und kosten Sie das Gefühl aus, ihm Dinge anzuvertrauen, die sonst keiner weiß.
- Hüten Sie einen Traum, den Sie sich einmal erfüllen wollen, ohne darüber zu reden. Oder verwirklichen Sie einen, ebenfalls ohne darüber zu sprechen: sei es, dass Sie einen Kurs in Step Dance, Yoga oder Aquarellmalen besuchen, Schauspielunterricht nehmen, den Angler- oder Segelschein machen.

Ihr eigenes Geheimnis zu wahren bedeutet schlicht: einen inneren Vorrat an Überraschungen zu bergen – und wenn Sie sich nur selbst damit überraschen sollten. Ertasten Sie Ihre innersten Wünsche. Und lassen Sie die niemals von anderen befingern.

Das Geheimnisvolle in einem Menschen ist seine Tiefendimension. Sie verhindert, dass jemand oberflächlich wirkt. Auch der Unterschied zwischen Vergnügen und Glück besteht in der Tiefe, ebenso der zwischen »Beziehung« und Liebe. Wenn Sie ahnen, dass im andern etwas Kostbares und Unbekanntes schlummert, werden Sie nicht misstrauisch, denn damit erniedrigen Sie sich selbst zum Spion. Werden

»Das schönste aller Geheimnisse ist es, ein Genie zu sein und es als Einziger zu wissen.«

(Mark Twain)

Sie stattdessen zum Abenteurer und lassen Sie sich zu Mutmaßungen verlocken, was da für Schätze liegen können auf dem Grund der Seele.

Wer dauernd bohrt: »Jetzt sag schon!«, ist so sympathisch wie ein Inquisitor. Schweigen Sie gelassen, dann wirken Sie souverän. Und das Schweigen fällt jedem leicht, der selbst ein Geheimnis in sich birgt. Wer sein Geheimnis wahrt, fühlt sich stärker und reicher, aufregender und vor allem freier. Denn im Geheimnis liegt jener Ausweg, den die Seele sich suchen kann, wann immer sie will.

Gemeinsam zu lachen ist erlösend, also die richtige Lösung für Rätselhaftes – und für manchen Streit.

103

GLÜCKLICH MIT MIR SELBST

Wo liegt das Glück? Nicht in unerreichbaren Zielen, sondern *immer näher*, als wir denken – in uns selbst und in unserem Verhältnis zur Zeit. Wer sich verabschiedet von Jugendwahn und Beschleunigungssucht lernt es kennen.

DAS GLÜCK LIEGT
IN DER TIEFE

AUCH WENN ES KAUM JEMAND ZUGEBEN WÜRDE. KLAMMHEIM-
LICH SUCHEN WIR DOCH FAST ALLE DAS GLÜCK IN ÄUSSERLICH-
KEITEN: IN BESITZ UND REICHTUM, IN SCHÖNHEIT UND JUGEND.
DOCH ERST WENN WIR BEGREIFEN, DASS DER WEG NACH INNEN
FÜHRT, KÖNNEN WIR WAHRHAFT GLÜCKLICH WERDEN.

WARUM DER WEG NACH INNEN FÜHRT

Theoretisch finden wir innere Werte ganz großartig. Praktisch aber
setzen wir klammheimlich doch auf die äußeren und versprechen uns
von ihnen das große Glück. »Der hat eine glückliche Hand«, heißt es
nicht etwa dann, wenn ein Mensch sein Schicksal in die Hand genom-
men und sich von Stress, Karrieredruck und Zeitnot befreit hat, sondern wenn einer ein Händchen hat für Geld und Gewinn. Den Pfer-
defuß des materiellen Glücks übersehen wir geflissentlich, obwohl
uns tief im Innern klar ist, was schon Tolstoi auf den Punkt gebracht
hat: »Materielles Glück erwirbt man sich immer auf Kosten anderer,
geistiges Glück immer durch die Beglückung anderer.«

Das bedeutet auch: Wenn wir unser Glück im Besitz sehen, vermeiden wir Berührungen – wir meiden die Nähe von Menschen, denen
es schlechter geht, und auch derjenigen, auf deren Kosten wir
Gewinne machen, denn die würden uns ein schlechtes Gewissen ein-
jagen. Ganz besonders meiden wir, wenn uns Besitz das größte Glück
zu sein scheint, solche Leute, die uns vielleicht neidisch machen und
uns am eigenen Glücksverständnis zweifeln lassen könnten, weil sie
ohne Besitz ganz unleugbar Glück ausstrahlen.

Am Anfang des Wegs nach innen und zum Glück steht eine Ent-
rümpelungsaktion, die diesen Weg erst frei macht: Werfen wir all die
Glücksversprechen hinaus, die uns ständig frei Haus geliefert werden:
dass Jugend und Schönheit, Ansehen und Statussymbole, die Steige-
rung von Tempo und Gewinn glücklich machen. Und lesen wir nun
die eigentlichen Wegweiser zum Glück. Auf denen steht: Entdecken
Sie die Langsamkeit. Kosten Sie die Freiheit im Alltäglichen aus. Und
erkennen Sie die Chance, die das Abschiednehmen bereithält.

*Der Weg zum Glück ist eine
Umleitung: sie umgeht alle
lauten Glücksversprechen.*

GANZ BEI SICH SEIN

Das Glück an sich gibt es nicht. Denn es gibt so viele unterschiedliche Formen von Glück wie es unterschiedliche Charaktere und Schicksale gibt.

Aber eines haben doch alle tiefen, echten Glückserlebnisse gemein, nämlich ein bestimmtes Grundgefühl: ganz bei sich zu sein. Um das zu erfahren, muss ich aber erst einmal mein Selbst kennen, meine geheimsten Wünsche und meine wahren Bedürfnisse, meine Schwächen und Stärken. Der Weg zum Glück führt also zuerst einmal nach innen – dorthin, wo mich nichts daran hindert, mir selbst ehrlich und ungeniert zu begegnen. An diesem inneren Ort muss ich mich dann auch nicht mehr mit anderen vergleichen. Denn wer sich immer am Bruder misst, der mehr verdient, an der Schwester, die schon einen akademischen Titel hat, an der Freundin, die mehr bewundernde Blicke erntet, und am Freund, der das größere Auto fährt, wird niemals frei für seine eigenen Vorstellungen von Glück. »Glück ist wie ein Maßanzug«, hat einmal der Dirigent Karl Böhm gesagt. »Unglücklich sind meistens die, die den Maßanzug eines anderen tragen möchten.«

Und so wie sich die Figur im Lauf des Lebens verändert, verändern sich auch die Anforderungen an den Maßanzug. Glaubt jemand an das Glück von Erfolg und Reichtum, kann sich das schlagartig ändern, wenn er erlebt, wie flüchtig diese Werte sind – und dass jeder, der nur auf sie gesetzt hat, mit ihnen oft auch Freunde, Achtung und Selbstachtung verliert.

Plötzlich passt der Maßanzug nicht mehr. Glücksfähig sein heißt also auch: bereit zu sein, den Maßanzug umzuschneidern und damit die eigenen Wünsche, Ansprüche und Erwartungen der jeweiligen Lage anzupassen.

WIE WIR UNS SELBST LIEBEN LERNEN

»Der Blick in den Spiegel«, sagt die deutsche Psychologin Ursula Nuber, »ist für viele von uns zur Mutprobe geworden.« – Obwohl wir, rein äußerlich betrachtet, dazu weniger Anlass haben denn je. Die Zahl der idealgewichtigen Frauen und Männer nimmt hier zu Lande zu, Kosmetik, Pflege, Fitness, Ernährungs- und Körperbewusstsein sorgen dafür, dass gerade die Frauen heute mit 30 oder 35 aussehen wie ihre Mütter noch mit 20. Da ist es dann umso erschreckender,

»Bekommen, was man sich wünscht, ist Erfolg. Sich wünschen, was man bekommen kann, ist Glück.«

(Charles F. Kettering)

DIE UNZUFRIEDENHEIT WÄCHST

1972 waren laut Umfrageergebnissen 25 Prozent der Frauen mit sich unzufrieden, 1985 waren es bereits 38 Prozent, 1997 wuchs die Zahl auf bedrängende 52 Prozent. Dabei ist es weniger ihr Gesicht, mit dem sie nicht einverstanden sind – nur 16 Prozent der Frauen finden ihres unschön –, es ist vor allem der Körper. Dabei verschätzt sich ein Viertel der Befragten laut einer Untersuchung der Zeitschrift *Psychologie heute* zu den eigenen Ungunsten: Idealgewichtige, ja sogar untergewichtige Frauen finden sich zu dick, obwohl die Waage und die Tabelle ihnen etwas anderes sagen – und meistens auch der Partner oder die Freundin.

dass die Zahl derjenigen, die sich selbst nicht mögen, hässlich finden oder sogar hassen, seit einiger Zeit drastisch zunimmt – und zwar vor allem bei den Frauen.

DAS PROBLEM: EIN KRANKES SCHÖNHEITSIDEAL

»Body-Image-Störung« heißt das Phänomen, das zunehmend auch bei Männern diagnostiziert wird: Ein Mensch hat von seinem Körper ein objektiv falsches bis monströs verzerrtes Bild. Die Folgen reichen von Depressionen bis hin zu schwerwiegenden Essstörungen. Was sind die Gründe der Verunsicherung? Laut einer Studie der US-Zeitschrift *Psychology today* sind es vor allem die durchweg schwer untergewichtigen, oft magersüchtigen und perfekt gestylten Models in den Zeitschriften – Vorbilder, die negative Auswirkungen haben. Schließlich wird jeder Durchschnittskonsument zwölf Mal am Tag mit einem Bild dieser Traumfrauen konfrontiert, also mit einem kranken Schönheitsideal. Aber es gibt auch Vorbilder, die positiv wirken: In einer anderen US-Studie wurden Mädchen und junge Frauen, farbige und weiße, danach befragt, wie zufrieden sie mit ihrem Äußeren sind. Das verblüffende Ergebnis: Die weißen Mädchen haderten mit sich, auch wenn sie objektiv betrachtet hübsch und schlank waren. Die farbigen Mädchen, sogar diejenigen mit deutlichem Übergewicht, fanden sich fast alle in Ordnung. Sie hatten allerdings nicht Models oder Filmstars zu ihren Vorbildern erwählt, sondern größtenteils die eigene Mutter.

»Wo Charakter ist, da ist Hässlichkeit Schönheit. Wo kein Charakter ist, da ist Schönheit Hässlichkeit.«

(Sprichwort aus Afrika)

EIN STABILES SELBSTWERTGEFÜHL ENTWICKELN

Um die falsche Wahrnehmung des eigenen Äußeren zu verhindern, so der Psychologe und Spezialist für Body-Image-Störungen Thomas F. Cash, müssen wir »ein stabiles Selbstwertgefühl« entwickeln. Das lässt sich trainieren.

- Orientieren Sie sich an Vorbildern, die erreichbar sind und Ihnen in gewisser Hinsicht ähneln. Finden Sie sich mit körperlichen Eigenheiten ab und hadern Sie nicht (mehr) damit. Barbra Streisand, Gérard Dépardieu und Jean-Paul Belmondo wurden mit diesen Nasen, Marianne Sägebrecht, Danny de Vito und Bud Spencer trotz – oder sogar gerade wegen – ihrer Statur zum Star.
- Werden Sie zu Ihrem eigenen Stylisten. Genießen Sie es, wie Sie immer besser darin werden, Ihre so genannten Schwächen zu überspielen oder sogar gekonnt und selbstbewusst einzusetzen und Ihre Vorzüge zu betonen.
- Testen Sie an Ihrer Reaktion auf Schnappschüsse, ob Sie die nötige Gelassenheit erworben haben, die es zur Selbstliebe braucht. Wenn Sie sich niemals schön genug sind, haben Sie noch eine gutes Stück Weg vor sich.
- Der liebende Blick einer Mutter verklärt bekanntlich ihr Kind. Denn der liebende Blick will nur das Schöne sehen und gibt dem, auf den er fällt, das Gefühl, wirklich schön zu sein. Diesen Blick sollten wir uns auch selbst gönnen – jeden Morgen vor dem Spiegel. Das Gesicht darin wird sich mit einem Lächeln bedanken.

WARUM DER JUGENDWAHN VON GESTERN IST

Wo vom Schönheitskult die Rede ist, ist es zum Jugendwahn nicht weit. Beide haben mit unrealistischen und überzogenen Ansprüchen an uns selbst und andere sowie der übergroßen Bedeutung zu tun, die wir unserem Äußeren, der menschlichen Fassade beimessen.

Die Krux dabei: Alt werden will fast jeder, altern kaum einer. Wir haben uns angewöhnt, den Alterungsprozess als Krankheit zu betrachten, die behandelt werden muss. Die dazu nötigen Eingriffe werden unverantwortlich verharmlost und verkauft als Glück, das in ein paar Stunden mit dem Skalpell hergestellt werden kann. Die vermeintlich fortschrittlichen Frauen und vermehrt auch Männer lassen sich ihren Jugendwahn ein Vermögen, Nerven und Gesundheit kosten. Trotzdem hat dieser Trend angeblich Zukunft. Das »New Age

»*Schön ist alles, was man mit Liebe betrachtet.*«

(*Christian Morgenstern*)

of Cosmetic Surgery« (Eine neue Ära der Schönheitschirurgie) kündigte rechtzeitig vor der Jahrtausendwende das US-Magazin *Newsweek* an. Die Operationen, die immer früher beginnen und immer gravierender ausfallen, werden nicht nur von den Schönheitschirurgen verniedlicht und beschönigt, sondern auch von deren Opfern: »Ich mache das nur für mich«, heißt es oft. Und es gilt als lässig, über Operationen dieser Art zu reden, als gehe es ums Nagellackentfernen oder Haarefärben. Mit »Ich lasse mir die Lider machen« oder »Ich lasse mir die Oberschenkel richten« werden schwere Maßnahmen umschrieben, bei denen mit Folgen wie Embolien, Lähmungen, in schweren Fällen sogar Erblindung gerechnet werden kann. Wohin dieses »New Age« führt, hat *Newsweek* zusammengefasst in der Zeile: »Younger patients, more choices, greater risks« (Immer jüngere Patienten, mehr Möglichkeiten, größere Risiken).

ALTER VERÄNDERT SCHÖNHEIT, ES LÖSCHT SIE NICHT AUS

Schülerinnen aus Mittelstandsfamilien stellen die neue Klientel und bekommen die Operation oft von den Eltern zum Geburtstag oder zum Schulabschluss geschenkt. »Na und?«, sagen da die vermeintlich Liberalen achselzuckend. »Lass sie doch.« Und diese Gleichgültigkeit gilt als souverän, alles andere als rückständig. Doch eigentlich hinken die Jugendsüchtigen selbst bald der Zeit hinterher, denn die Alterspyramide wird in absehbarer Zeit auf dem Kopf stehen. Und das heißt: Wenn, wie seit Jahrtausenden üblich, das gesellschaftliche Bild bestimmt, was schön ist, müsste eigentlich der Abschied vom Jugendkult bevorstehen. In einer von Alten dominierten Gemeinschaft werden die sichtbaren Spuren des Alters schließlich als selbstverständlich betrachtet werden und das Älterwerden nicht mehr als Entwertung begriffen, sondern als Aufwertung, weil es einen Zugewinn an Erfahrung bedeutet.

Den Wert der Lebenserfahrung geben kluge Frauen wie Hannelore Elsner oder Susan Sarandon, sogar sehr alte wie Hildegard Hamm-Brücher, Marianne Hoppe oder Marion Gräfin Dönhoff zu erkennen. Sie sparen sich Investitionen in eine teure, unsichere und ohnehin aussichtslose Unternehmung: den Widerstand gegen die Zeit. Und ihre Gesichter zeigen, dass Alter Schönheit verändert, nicht auslöscht.

»WAS AN MIR IST SCHÖN?«

Viele Frauen und Männer bekennen um die sechzig herum, sich glücklicher zu fühlen als je zuvor. Und ihr Glück besteht nach eigenen Aussagen darin, dass sie sich wohl fühlen in ihrer Haut – einer nicht mehr jugendstraffen Haut –, weil sie sich identisch mit sich selbst fühlen. Und dieses Glück können Sie sich verschaffen. Dabei helfen Ihnen ein paar einfache Strategien:

- **Sehen Sie sich um nach Frauen und Männern, die in einer langfristig glücklichen Beziehung leben.** Sie werden feststellen, dass in all diesen Beziehungen etwas Unkonventionelles bestimmend ist – nicht etwa die klischeehaften »Glücksbringer« Jugend, Schönheit, Geld.
- **Suchen Sie sich Vorbilder, die Ihrem Alter entsprechen.** Fünfzigjährige, die sich an Jungschauspielern messen, werden immer unglücklich sein.

»Die Schönheit ist wie die Wahrheit. Keiner kann sie genau definieren und jeder kann glauben, dass er sie besitzt.«

(Gabriel Laub)

- **Machen Sie sich bewusst, dass Natürlichkeit immer schön ist.** Die unverbaute, unzerstörte Natur draußen ist es schließlich auch – ob sie herb ist wie in Island, lieblich wie in der Toskana, ob sie dunkel oder licht, üppig oder karg ist. Denn Individualität ist die Basis der äußerlichen Attraktivität: Die Natur schenkt uns die Chance, unverwechselbar zu sein. Betonen Sie daher Ihren Typ, statt zu versuchen, ein anderer zu werden.

- **Betrachten Sie Schön(er)werden als eine Erkundungsreise in Ihr ureigenstes Terrain** – seelisch, geistig, körperlich. Der Wegweiser ist eine Frage. Sie heißt nicht: »Was ist an mir hässlich?« Sie heißt: »Was an mir ist schön?« Das kann Ihr Lachen sein, Ihre sinnliche Stimme, Ihr Humor oder Ihre Herzlichkeit. Es kann auch eine markante Nase sein, eine klare hohe Stirn oder ein auffallender Mund; das können Sommersprossen sein oder feingliedrige Hände.

  Es geht nicht darum, ob diese Merkmale dem Klischee von Schönheit entsprechen, dem derzeit gängigen Ideal. Wichtig ist nur, diese Kennzeichen der Persönlichkeit zu kultivieren. Ihre ganz persönlichen Merkmale selbstbewusst zu betonen hilft Ihnen dabei, sie zu lieben – und dabei, anderen unvergesslich zu werden.

- **Blättern Sie in einem Kunstband und schauen Sie sich an, welche Zeit welches Schönheitsideal hervorgebracht hat.** Sie werden feststellen: Auch Ihr Modell galt einmal als »die Venus«.

- **Vergessen Sie den Unsinn, Schönheit beruhe auf Symmetrie, den die Schönheitschirurgen verbreiten.** »Alles Schöne ist schief,« hat Günther Grass gesagt. Zu Recht – denn Perfektion ist langweilig.

- **Lassen Sie sich von jemandem, der es kann, malen.** Künstler haben den Blick fürs Wesentliche – und für jene Schönheit, die einmalig ist.

Um schön zu sein ist das Wichtigste, sich von der Vorstellung zu verabschieden, Schönheit könne ein Lebensinhalt sein. Es funktioniert nämlich genau umgekehrt: Schönheit basiert darauf, dass wir andere, wichtige Lebensinhalte haben. Denn jede Schönheit teilt sich durch Ausstrahlung mit und strahlen kann nur, wer in sich einen Leuchtkörper trägt. Den besitzt allein ein Mensch, der Ziele und Aufgaben hat, für die er brennt.

Glatte Schönheit entgleitet dem Gedächtnis. Nur Schönheit mit Haken setzt sich in der Erinnerung fest

Wer sich ständig nur fragt: »Bin ich schön?«, verkrampft sich innerlich. Zur Entspannung hilft es viel, sich klarzumachen, dass Schön-
sein nicht Glücklichsein heißt – Beispiele dafür gibt es Tausende, auch
viele tragische. Wir reden davon, dass Schönheit sich entfaltet. Sie
braucht also Raum, Freiraum zur Entfaltung. Und den bekommt sie
nur in einer entspannten Haltung und einer gelösten Seele.

Schön ist, wer geliebt wird –
zuerst mal von sich selbst.

LANGSAMKEIT IST
EIN GEWINN

»SPAREN SIE ZEIT, GEWINNEN SIE MEHR ZEIT!« – DAZU WERDEN WIR STÄNDIG AUFGEFORDERT. DOCH WER DIE GÄNGIGEN REZEPTE DAZU EINHOLT, WIRD NICHT RUHIGER, SONDERN GESTRESSTER. ERST WENN WIR LANGSAMKEIT ALS QUALITÄT ENTDECKEN, HABEN WIR UNS VOM KORSETT DER BESCHLEUNIGUNG BEFREIT.

WESHALB UNSERE GRÖSSTE NOT DIE ZEITNOT IST

»Ich hätte so gern mehr Zeit!«, lautet der häufigste Stoßseufzer in unserer Gesellschaft. Das sagen sogar die Rentner, die an der Supermarktkasse drängeln. Dreiviertel der Deutschen geben zu, unter dem Diktat der Schnelligkeit zu leiden, und klagen über zu viel Hektik und steigern den Alltagsstress.

Gesucht wird dringend ein Rezept gegen die größte Not der Industrienationen – gegen die Zeitnot. Schlaue Unternehmer bieten daher gestressten Karrieremenschen, Managern, Managerinnen und berufstätigen Müttern ein angebliches Wundermittel an: Zeitmanagement. Das Ziel ist eine noch effizientere Ausnutzung der Zeit, das Ergebnis: die Beschleunigungssucht nimmt weiter zu. Wer dieses Zeitmanagement praktiziert, hat nicht mehr Zeit, er hat nur ein noch stärkeres Gefühl, eingesperrt zu sein in ein Korsett aus Terminen.

Das erträumte Glück, Zeit zu haben, erleben die meisten dann nicht einmal mehr in der Freizeit. Denn die Freizeitindustrie sorgt auch dort für Leistungsdruck und Konsumzwang – und Konsum konsumiert bereits Zeit. Auch die Unterhaltungsindustrie beschert jenes Überangebot, das mit Sicherheit eines verhindert: dass nichts los ist. Trotzdem geht nach eigenen Angaben in seiner Freizeit jeder dritte Deutsche sich selbst auf die Nerven und erträgt »die Ereignislosigkeit« nicht. Wie das? Weil ihm das Tempo dessen, was ihm in Vergnügungsparks oder im Fernsehen geboten wird, immer noch zu langsam ist und er sich längst an die Geschwindigkeit des Internets gewöhnt hat.

»*Man vertut die meiste Zeit damit, dass man Zeit gewinnen muss.*«

(John Steinbeck)

HINGABE AN DEN AUGENBLICK

Die meisten Menschen sind heute längst zu mentalen Zappern geworden, um den Abstand zwischen immer neuen Reizen zu verringern – angeblich, um keine Langeweile aufkommen zu lassen. Was aber wirklich hinter diesem Irrsinn steckt, ist eine uralte menschliche Angst: die Angst vor der Leere. Wenn wir mal gar nichts tun, kommen Gedanken hoch, die wir sonst gründlich verdrängen: Gedanken über uns selbst und über den Sinn unseres Lebens. In solchen Augenblicken berühren wir uns selbst in unserem Innersten – und davor schrecken viele zurück.

Da ist immer die Rede von dem Glück, das die Hingabe an den Augenblick beschert. Aber wer das erleben will, braucht den Mut zur Langsamkeit, zur Stille, zum Innehalten. Das bedeutet nämlich außerdem: sich gegen den Zeitgeist zu wehren, der Langsamkeit als Schwäche verkauft.

ENTKOMMEN SIE DER ZEITFALLE!

Es gibt allerdings einige alte und auch ganz neue Möglichkeiten, der Zeitfalle zu entkommen.

- **Werden Sie Mönch oder Nonne auf Zeit.** Klöster öffnen vielerorts ihre Pforten für Menschen, die dort lernen wollen, was jeder Mönch, jede Nonne in der klösterlichen Gemeinschaft übt – die *vita contemplativa,* das langsame, beschauliche Leben. Wer dort für ein paar Wochen erlebt, wie sich in Ruhe und Stille die innere Einstellung zur Zeit verändert, weiß auch, wie sich das Glück anfühlt, Zeit zu haben – um Gedanken kommen zu lassen, Visionen zu entwickeln und sich vom Wahn des »immer mehr« und »immer schneller« zu verabschieden. Die Angst vor dem Alleinsein und vor der Stille fällt dabei ganz allmählich ab.
- **Entdecken Sie die Langsamkeit des Genießers.** Ein Verein wie »Arcigola Slow Food« fördert in vielen Ländern Europas, auch in Deutschland, eine Küchen- und Trinkkultur, die bewusst macht: Qualität braucht Zeit – von der Produktion über die Zubereitung bis zum Verzehr. Dabei wird klar: Die guten regionaltypischen Küchen sind nicht kosten- sondern zeitintensiv. Restaurantführer (zum Beispiel *Osterie d'Italia)* und Kochbücher, die dieser Verein

»Man sollte nicht von Zeitvertreib reden, sondern von Zeitgenuss.«

(Jean Paul)

115

herausgibt, sind zu Publikumserfolgen geworden. Aber nicht nur beim langsamen Essen entdecken wir neue sinnliche Dimensionen, auch beim langsamen Kochen. Wer nur ein Fertiggericht in die Mikrowelle schiebt, erlebt nicht, wie erotisch sich ein gekneteter Teig anfühlt, wie betörend Rosmarin aus dem Ofen duftet, wie überraschend es ist, aus der rauen pickeligen Schale einer Litschi die seidig glatte weiße Frucht herauszuschälen, anstatt sie aus der Dose zu nehmen ...

Reisen Sie im Schneckentempo. Einsichtige Reiseunternehmer verkaufen mit Erfolg die Langsamkeit in der Fortbewegung als Gewinn. Fahrten mit trägen Hausbooten auf Frankreichs oder

Englands Flüssen und Kanälen werden da genauso angeboten wie Reisen mit historischen Bummelzügen durch naturgeschützte Wälder in der Haute-Provence oder sogar mit Traktoren über die Schwäbische Alb. Die Devise dabei lautet: Es zählt weniger, wo man hinkommt, als wo man vorbeikommt. Denn so entdecken Sie, was in keinem Reiseführer steht.

■ **Lesen Sie über das Glück der Langsamkeit.** Vermehrt greifen Romanautoren das Thema auf und führen eindringlich vor, dass sie die Voraussetzung für Erlebnistiefe ist. War Sten Nadolny mit seinem Buch *Die Entdeckung der Langsamkeit* in den 80er Jahren noch ein einsamer Vorreiter, haben nun von David Guterson *(Schnee, der auf Zedern fällt)* bis zu Lea Singer *(Die Zunge)* auch junge Schriftsteller die Bedeutung der Langsamkeit entdeckt – und damit den Reichtum, das Glück und die Lebendigkeit der Stille.

■ **Hören Sie langsame Musik.** Viele Musiker, ob Solisten, Komponisten oder Dirigenten, haben die Langsamkeit (wieder) entdeckt. Sie alle stellen fest, dass es mehr bringt, die Zuhörer durch langsame und gefühlvolle Musik zu rühren, als ihnen durch virtuose Schnelligkeit zu imponieren. Denn mehr als das Staunen über neue Rekorde beglückt es die meisten Menschen, ihre Gefühle wahrzunehmen. Wer beim Essen klassische Musik auflegt, isst langsamer, weniger und genüsslicher; das haben Wissenschaftler der amerikanischen John-Hopkins-Universität nachgewiesen.

■ **Gehen Sie mal anders ins Museum.** Absolvieren Sie einen Ausstellungs- oder Museumsbesuch nicht als kulturelles Pflichtprogramm, bei dem Sie in einer Stunde möglichst viele Exponate registrieren müssen, sondern gehen Sie zur Abwechslung nur eines einzigen Bildes – oder einer ganz bestimmten Skulptur – wegen hin. Versenken Sie sich so lange in den Anblick, bis Sie tief berührt sind. Dieses tiefe Erlebnis kann Sie danach noch tagelang beschäftigen – und Sie werden es wahrscheinlich nie mehr vergessen.

■ **Lassen Sie sich beim Einkaufen Zeit.** Qualität will jeder, aber die ist nicht an Qualitätsgarantien- und siegeln zu erkennen. Wer einen Sinn für Qualität entwickeln will, braucht Zeit. Achten Sie bei den Dingen, mit denen Sie sich umgeben, auf Material, Verarbeitung und Funktionalität. Das ist nicht unbedingt eine Frage des Geldes. Nicht nur ein Porsche oder maßgefertigte Schuhe können dieses Qualitätsgefühl vermitteln; gerade bei den unscheinbaren

Wer Qualität entdecken will, muss erst die Langsamkeit entdecken.

117

Gegenständen, die wir im Alltag besonders oft anfassen, bei Schreibgeräten oder Küchenutensilien, können wir uns mit Qualität ganz leicht und vor allem dauerhaft beglücken.

Wer durch die Verlangsamung beglückende Erfahrungen gemacht hat, der sucht und findet von da an zunehmend Erlebnistiefe statt Erlebnistempo. Erlebnis*quantität* wird durch Erlebnis*qualität* ersetzt.

WIE SIE EINEN VERREGNETEN URLAUB GENIESSEN

Wir stellen an ihn Ansprüche wie an einen Traumliebhaber: unvergesslich soll er sein, der Langersehnte. Außerdem sinnlich, aufregend und makellos. Schließlich lassen wir ihn uns eine ganze Stange Geld kosten und widmen ihm die beste Zeit des Jahres. Wir erwarten, dass er über uns kommt wie ein Wunder. Und wenn er das nicht schafft, reisen wir enttäuscht, geradezu beleidigt nach Hause. Der Urlaub hat es ganz schön schwer, uns zu genügen.

Aber es gibt da Leute, die kommen zurück aus einer verregneten Toskana, von einem stürmischen Nordseeaufenthalt im Anorak, aus einem heruntergekommenen Hotel auf Madeira, von drei Wochen Ibiza mit nur zwei Tagen Badewetter – und sie strahlen trotzdem. Denn sie kennen es: das Geheimnis des glücklichen Urlaubs. Und dieses Geheimnis ist keine neu entdeckte psychologische Technik, geschweige denn eine PR-Aktion der Touristik-Branche. Es ist vielmehr eine uralte Form des Welterlebens, die auch aus Ihnen einen glücksbegabten Urlauber macht: die Berührung mit der Natur. Erleben Sie das Andere, Neue, Fremde mit allen Sinnen – auch wenn es zuerst einmal nicht Ihren Vorstellungen entspricht – und lassen Sie sich davon berühren. Werfen Sie sich der neuen Situation in die Arme, anstatt sie zu beurteilen. Dann gibt es für Sie kein hässliches Wetter und keine öde Landschaft. Wie das geht, sich der Situation in die Arme zu werfen? Lassen Sie sich von den folgenden Anregungen inspirieren, die besonders dann hilfreich sein können, wenn das Wetter nicht so mitspielt wie gewünscht:

- **Gehen Sie auch bei kühlem Wetter barfuß durch den Sand am Meer** – kilometerweit. Spüren Sie, wie die Füße massiert und geschmirgelt werden und fühlen Sie anschließend, wie weich und zart und warm sie geworden sind. Das ist eine Lust, die wir ver-

Die Natur ist immer aufregend. Nur die Menschen drin sind oft langweilig.

schenken, wenn wir bei wunschgemäßem Sonnenschein im Lie-
gestuhl dümpeln.

■ **Lassen Sie sich bewusst von der Luft berühren.** Geben Sie sich
dem Wind hin, lassen Sie es wollüstig geschehen, dass er die Haare
zerzaust und das Blut ins Gesicht treibt: Das kann eine Wande-
rung über toskanische Hügel viel aufregender machen als jedes
Sonnenbad.

■ **Berühren Sie den Himmel.** Setzen Sie sich allein, zu zweit oder
mit der ganzen Familie auf eine Anhöhe, an ein Ufer, auf eine Terrasse und geben Sie den Wolken Namen. Dabei wird Ihnen nämlich erst bewusst, wie ungeheuer vielfältig ihre Gestalten sind. Con-
stable, einer der größten englischen Maler, hat sich vor bald 200
Jahren schon dafür begeistert und sich wochenlang auf einem

*Urlaubsglück heißt, das
Neue erfahren – nicht mit
dem Auto, sondern mit
allen Sinnen.*

Wenn Sie das Fremde berühren soll, lassen Sie es an sich ran!

Hausdach niedergelassen, um Wolken zu porträtieren. Claude Lévi-Strauss, der große Anthropologe, hat den Wolkenformationen bei Sonnenuntergang in seinem Buch *Traurige Tropen* ein zwanzigseitiges Kapitel gewidmet. Wer das liest oder im Angesicht eines tropischen Wolkenhimmels vorgelesen bekommt, wird ihn nie mehr vergessen.

■ **Gehen Sie auf einen ortsüblichen Markt,** saugen Sie die fremden Aromen genüsslich auf und kaufen Sie lustvoll alles ein, was sich aus der Hand essen lässt: luftgetrockneten Schinken, reife Tomaten und süße Früchte, Schafskäse, Sardellen, Crevetten, geräucherten Fisch oder Parmesan. Kaufen Sie einen einfachen Wein aus der Gegend, besorgen Sie sich zwei billige Gläser und suchen Sie sich dann eine Freilufttafel. Das kann die Mauer um ein altes Bergkloster sein, ein Stück zum Baden ungeeigneter Felsstrand, die alte Steinbank auf einem idyllischen Dorfplatz. Und auch wenn es Ihnen zuerst komisch vorkommt: füttern Sie sich gegenseitig. Das schärft die Wachsamkeit und Empfindsamkeit für das, was ich dem anderen in den Schnabel schiebe: Wie groß darf der Happen sein, wie schnell oder langsam darf der Nachschub kommen? In Erinnerung bleiben wird es Ihnen als das zärtlichste und sinnlichste Mahl seit langem.

■ **Gehen Sie auf Hautkontakt mit dem Neuen.** Fragen Sie und erkunden Sie mit ungebremster Neugier. Kinder besitzen diese Eigenschaft noch ganz natürlich, wir Erwachsenen haben da oft Hemmungen. Als glücklicher Urlauber leben Sie Ihr Bedürfnis einfach aus. Lassen Sie sich ein auf landesübliche Spezialitäten, auch wenn die Ihnen zuerst einmal befremdlich erscheinen. Konsumieren Sie nicht einfach, sondern fragen Sie – nach Zutaten und Zubereitungsarten. Fragen Sie den Koch oder die Mamma am Herd, wie sie diese grandiose Nudelsauce macht, den Kellner danach, wo man diesen wunderbaren Weißwein kaufen kann.

■ **Ersparen Sie sich alles, was in Ihrem Alltag für Distanz zum sinnlichen Leben sorgt.** Sehen Sie im Urlaub nicht fern, sondern verlieren Sie sich abends im Sonnenuntergang und im Sternenhimmel. Lesen Sie keine Zeitung, kaufen Sie keine Journale.

■ **Geben Sie sich dem natürlichen Zeitablauf hin.** Spüren Sie, wie Sie mit dem anbrechenden Tag wach und mit dem sich neigenden Tag müde werden.

Das beste Abendprogramm auf der Welt größtem Bildschirm: Sonnenuntergang.

GLÜCK BRAUCHT DAS
GEFÜHL DER FREIHEIT

OFT SUCHEN WIR DIE FREIHEIT IN ÄUSSEREN DINGEN. WIR MEI-
NEN, NUR DANN GLÜCKLICH SEIN ZU KÖNNEN, WENN WIR FREI
WÄHLEN, UNS FREI ENTSCHEIDEN KÖNNEN. DOCH ES GIBT EINE
ANDERE ART VON FREIHEIT, DIE DEN VORTEIL HAT, DASS SIE UNS
KEINER NEHMEN KANN: ES IST DIE INNERE FREIHEIT, DIE UNS
ERLAUBT, AUCH DINGE, DIE WIR NICHT ÄNDERN KÖNNEN, ANZU-
NEHMEN UND IHNEN DAS BESTE ABZUGEWINNEN – GANZ FREI-
WILLIG.

WARUM WIR FREIHEIT OFT
FALSCH VERSTEHEN

Eines ist für unsere Vorstellung vom Glück unabdingbar: Freiheit.
Freiheitsgefühle verspricht uns daher die Werbung für Parfums und
Zigaretten ebenso wie die für einen Club-Urlaub. Und was wir unter
dieser individuellen Freiheit verstehen, ist nicht etwa Meinungs- und
Bewegungsfreiheit – die ist uns mittlerweile völlig selbstverständlich –, es ist vielmehr die Möglichkeit, die eigenen Ziele und Vorstellungen zu verwirklichen.

Weniger Freiheit bedeutet weniger Gesundheit. Das hat eine Studie
mit britischen Beamten in London gezeigt: Man hat untersucht, welche Mitarbeiter wie oft krank wurden. Das Ergebnis: Die Krank-
heitshäufigkeit nahm in der sozialen Hierarchie von oben nach unten
zu. Das leuchtet ein, schließlich sind die Lebensbedingungen – von
der Wohnung über die Ernährung bis zur medizinischen Versorgung
– bei geringer Verdienenden meist deutlich schlechter als in den
Führungsetagen. Verblüffend ist jedoch, dass es einen erheblichen
Unterschied zwischen der obersten und der zweitobersten Etage gibt,
obwohl sich dort die Lebensbedingungen kaum unterscheiden. Britische Beamte, die der zweiten Führungsebene angehören, erkranken doppelt so oft wie die obersten Bosse. Der Grund dafür, so
schlossen die Forscher aus dieser Studie, ist das Gefühl der Betrof-
fenen, weniger Kontrolle über das eigene Handeln, das eigene Schicksal zu haben.

»Für mich ist Glück,
keine Befehle zu erteilen
und keine zu bekommen.«

(Francis M. de Picabia)

FREIZEIT IST NICHT UNBEDINGT GLÜCKSZEIT

Deshalb messen wir der Freizeit einen so hohen Stellenwert bei. Wir sind überzeugt, in der Freizeit leichter und öfter glücklich zu sein als bei der Arbeit, wo die meisten weniger Freiheiten haben.

Diese Vorstellung hat sich aber in den Untersuchungen von Glücksforscher Csikszentmihalyi einwandfrei als Illusion erwiesen. Die Wirklichkeit sieht ganz anders aus. Der Forscher ließ über einhundert Testpersonen täglich acht Mal zu unterschiedlichsten Zeiten per Funk anpiepsen und in der aktuellen Situation einen Fragebogen ausfüllen. Das Glücksgefühl, das er *Flow* nannte, wurde im Durchschnitt zu 54 Prozent während der Arbeit erlebt und nur zu 18 Prozent in der Freizeit. Ist dieses Ergebnis zuerst einmal verblüffend, liefert dessen Aufschlüsselung eine überzeugende Erklärung: Manager und Vorgesetzte mit hoher Entscheidungsfreiheit hatten das *Flow*-Erlebnis noch häufiger, nämlich zu 64 Prozent während der Arbeit, Fließ-

»Vergnügen kann ein Fließbanderzeugnis sein. Glück niemals.«

(John Steinbeck)

bandarbeiter hingegen nur zu 47 Prozent. Das bedeutet: Entscheidend für das Glückserleben ist, in wie hohem Maße der Betreffende das Gefühl hat, selbstbestimmt handeln zu können. Und das erleben überraschenderweise viele in der Freizeit nicht. Sie fühlen sich der Langeweile und Ereignislosigkeit ausgeliefert. Und zudem bleibt ihnen dann jenes Glück versagt, was währen der Arbeit für *Flow*-Erlebnisse sorgt: das Gefühl, im richtigen Maß gefordert zu sein. Überfordert zu sein beschert Stress, aber unterfordert zu sein fördert jene Unzufriedenheit, die jedes Glückserlebnis verhindert.

Viele Menschen werden hier einwenden, dieses Gefühl der Selbstbestimmtheit könne sich bei ihnen gar nicht einstellen, da ihr ausgeübter Beruf mit dem, was ihre Berufung sei, nichts zu tun habe. Sie arbeiteten also niemals aufgrund freier Entscheidungen. »Meinen Job hat mir mein Vater eingeredet«, heißt es dann. Oder : »Ich hätte Arzt werden wollen, musste aber die Firma meiner Eltern übernehmen.« Oder: »Ich wollte ja gar nicht Buchhalter werden, aber als Künstler könnte ich nie meine Familie ernähren.« Natürlich ist es wenig hilfreich, im Nachhinein zu sagen: »Da hättest du eben mehr Mut haben sollen! Du hättest es riskieren müssen, von deinen Eltern enterbt zu werden.« Oder: »Du hättest ja darauf verzichten können, so früh eine Familie zu gründen.«

FREIHEIT LIEGT DARIN, *WIE* ICH ETWAS TUE

Menschen, denen es nicht möglich ist, auszubrechen und einen Neuanfang zu wagen, können dennoch Wege finden, im Beruf glücklich zu werden, auch wenn es nicht der ist, zu dem sie sich eigentlich berufen fühlen. Das Rezept dazu hat Marie von Ebner-Eschenbach formuliert: »Tue deine Pflicht so lange, bis sie dir zur Freude wird.« Das klingt zuerst einmal ziemlich moralinsauer und streng. Aber wer einmal damit begonnen hat, die Hingabe an den Augenblick zu üben, schafft es auch, tägliche Arbeit in diesem Sinn auszukosten. Um nichts anderes geht es letztlich bei den Übungen der Zen-Mönche, die hauptsächlich in alltäglicher körperlicher Arbeit und stiller Meditation bestehen und die Außenstehenden oft sehr hart und eintönig erscheinen. Aber worin sie den Weg zur Weisheit und Erleuchtung sehen, das kann jeder Mensch trainieren, indem er den einfachsten Dingen und auch den vermeintlich banalen und ungeliebten Beschäftigungen seine ganze Aufmerksamkeit und Zuwendung widmet –

»Freiheit ist der Sauerstoff der Seele«

(Moshe Dayan)